PRATICARE LA JUMPSEAT LEADERSHIP

PRATICARE LA JUMPSEAT LEADERSHIP

CREARE OPPORTUNITÀ STRAORDINARIE
—— PASSANDO IL COMANDO ——

PETER DOCKER
TRADUZIONE DI ANNA KRACZYNA

WHY NOT PRESS

Why Not Press
The Brewhouse
Priory Lane
Burford
Oxfordshire
OX18 4SG
United Kingdom

Copyright di traduzione, introduzione e note di Anna Kraczyna © 2024

Titolo originale: *Leading from the Jumpseat*

Copyright © 2021 Peter Docker

All rights reserved including the right of reproduction in whole or in part in any form.

ISBN: 978-1-7399240-5-8 paperback (Italian)
ISBN: 978-1-7399240-9-6 e-book (Italian)

ISBN: 978-1-7399240-0-3 UK paperback (English)
ISBN: 978-1-7399240-8-9 UK hardcover (English)
ISBN: 978-1-7399240-3-4 US paperback (English)
ISBN: 978-1-7399240-6-5 US hardcover (English)
ISBN: 978-1-7399240-4-1 international edition (English)

ISBN: 978-1-7399240-2-7 e-book (English)
ISBN: 978-1-7399240-1-0 audiobook (English)

Alcuni nomi e caratteristiche sono stati modificati per tutelare la privacy dei soggetti coinvolti.

Quest'opera è protetta dalla Legge sul diritto d'autore.

È vietata ogni duplicazione, anche parziale, non autorizzata.

Composizione tipografica di Catherine Williams, Chapter One Book Production
Design di copertina di Kaveh Haerian
Editing della versione originale inglese di Ilsa Hawtin e Georgina Fradgley

A tutti coloro che scelgono di elevare gli altri

Indice

Biografia dell'autore	ix
Biografia della traduttrice	xi
Nota sulla traduzione	xiv

❖

Capitolo 1 – Stabilire il contesto	1
Capitolo 2 – Perché la Jumpseat Leadership?	11

Prendersi un impegno

Capitolo 3 – Quando qualcosa è importante abbastanza	21
Capitolo 4 – Fare breccia nel rumore	38
Capitolo 5 – La paura in agguato	56
Capitolo 6 – Custode della speranza	73

L'umile autostima

Capitolo 7 – L'antidoto all'ego	95
Capitolo 8 – Il modo in cui veniamo percepiti	117
Capitolo 9 – Il genio collettivo	140

Il senso di appartenenza

Capitolo 10 – Trovare la connessione	165
Capitolo 11 – I secondi contano	188
Capitolo 12 – Passare il comando	208

❖

Ora considerate questo	235
Elevare gli altri	244

Biografia dell'autore

Peter Docker, autore di *Praticare la Jumpseat Leadership*, coautore di *Trova il tuo perché* e uno dei primi Igniter presso Simon Sinek Inc., trasmette il messaggio secondo cui la leadership consiste nell'elevare le persone e nel dare loro lo spazio di cui hanno bisogno in modo che, quando arriva il momento giusto, possano diventare leader.

Peter ha prestato servizio per venticinque anni come *senior officer* della Royal Air Force, è stato Force Commander durante le operazioni di volo di combattimento e ha prestato servizio in tutto il mondo. Nella sua carriera ha coperto una vasta gamma di ruoli: da pilota professionista, alla guida di un'organizzazione per la formazione e la certificazione di piloti, all'insegnamento post-laurea presso il Defense College del Regno Unito, fino ad essere il pilota del primo ministro britannico. Peter ha anche guidato progetti internazionali di approvvigionamenti multimiliardari, ha lavorato come crisis manager ed è stato negoziatore internazionale per il governo del Regno Unito.

Attingendo dalla sua carriera militare e da oltre sedici anni di collaborazione con aziende di tutto il mondo, adesso l'obiettivo di Peter è ispirare gli altri ad essere Jumpseat Leader.

Spaziando dai keynote speech alla consulenza a lungo termine, Peter e il suo team collaborano con i loro clienti per aiutarli a creare una cultura di Jumpseat Leadership. Si affiancano ad aziende che stanno intraprendendo percorsi mai battuti prima, come per esempio guidare l'azienda durante una crescita esponenziale, o garantire che l'eredità di ciò che è stato costruito venga trasmessa alla successiva generazione di leader in modo che la portino avanti.

Lo entusiasma soprattutto lavorare con coloro che riconoscono il valore del proprio team e vogliono garantire che le proprie persone siano preparate per essere leader nei successivi dieci, quindici anni e oltre.

L'esperienza di Peter come consulente di leadership qualificato ed executive coach, sia a livello commerciale che industriale, è stata dedicata ai livelli più alti in vari settori tra cui Oil&Gas, edilizia, estrazione mineraria, prodotti farmaceutici, banche, televisione, cinema, media, stampa, ospitalità, produzione e servizi – in novantaquattro paesi. Tra i suoi clienti figurano Google, Four Seasons Hotels, La Marzocco, Accenture, American Express, ASOS, EY, NBC Universal e oltre cento altri.

Biografia della traduttrice

TRADUTTRICE E AUTRICE ampiamente apprezzata, Anna Kraczyna è anche docente universitaria, oltre che consulente, formatrice e coach pluricertificata. Ha scritto per il *New York Times* e ha pubblicato con Penguin Classics.

Nata e cresciuta a Firenze, da una coppia di artisti americani, Anna deve il proprio cognome ai nonni paterni, emigrati dalla Russia durante la Rivoluzione del 1917. È bilingue (italiano e inglese) e parla correntemente anche il francese.

Dopo aver lavorato per due anni con bambini mentalmente e fisicamente disabili, Anna ha lasciato Firenze e ha vissuto a Milano, Parigi, Londra e New York grazie ad una lunga e fortunata carriera come modella internazionale. Ritornata poi nella sua città natale, si è laureata a pieni voti in Letteratura Italiana presso l'Università di Firenze. Traduttrice e interprete simultanea da oltre trent'anni, Anna è docente presso università e college americani a Firenze (ha insegnato alla Stanford University e al Sarah Lawrence College) dove tiene corsi di lingua e cultura italiana, oltre che di sviluppo personale e professionale.

Coach internazionale MindsetMaps™ del Gruppo R. Dilts, Anna è specializzata nella Programmazione Neuro Linguistica e nell'utilizzo dello strumento MindsetMaps.

Si è avvicinata al mondo del coaching, della formazione e della consulenza durante la sua carriera di docente universitaria, studiando direttamente con Robert Dilts, e conseguendo la certificazione NLP Practitioner presso la NLP University in California.

Anna ha partecipato al primo corso MindsetMaps™, entrando così a far parte della primissima Coach Faculty MindsetMaps International, ed ha continuato la sua formazione per diventare a sua volta formatrice di MindsetMaps Coach. Anna, infatti, è co-fondatrice di MindsetMaps Italy, la società partner di MindsetMaps International per la formazione e certificazione di coach MindsetMaps in Italia. Oltre che con Robert Dilts, come coach e formatrice Anna ha studiato e lavorato con Mickey Feher e Peter Docker.

Anna è fondatrice dell'organizzazione di consulenza, coaching e formazione New Generative Lab, attraverso la quale lavora con aziende e privati sia in Italia che all'estero.

Grazie alla sua continua esperienza come osservatrice biculturale dell'Italia e alla sua ventennale esperienza nell'insegnamento della lingua e della cultura italiana, tiene laboratori interculturali per aziende e visitatori stranieri affinché possano relazionarsi al meglio nelle loro interazioni e nei loro affari in Italia evitando le cosiddette mine culturali invisibili.

BIOGRAFIA DELLA TRADUTTRICE

Anna tiene cicli di letture sia in Italia che negli Stati Uniti in college, università e altri centri culturali sulla sua traduzione commentata del best seller mondiale *Le Avventure di Pinocchio* per Penguin Classics, che ha ricevuto ottime recensioni su pubblicazioni di rilievo come *The Economist, Times Literary Supplement, Smithsonian, The New Yorker, The Atlantic, The Sunday Times.*

Nota sulla traduzione

La traduzione di questo indispensabile libro non poteva limitarsi alla trasmissione del suo messaggio: dovevano essere mantenuti la fluidità di tono, il ritmo e il sapore del testo originale, in modo che il lettore potesse essere trasportato, con agio naturale e vivo interesse, lungo l'entusiasmante percorso di crescita mostrato dall'autore con tanta profondità di visione.

Sono cresciuta parlando indifferentemente l'inglese e l'italiano, e benché molti pensino che per una persona bilingue tradurre da una lingua all'altra sia cosa semplice, quasi immediata, posso ben affermare che rimane un'operazione di straordinaria complessità e delicatezza. Anzi, è soprattutto la persona bilingue, in quanto profonda conoscitrice delle sfumature e delle intricatezze di ciascuna lingua, che si accorge della laboriosità del passaggio da un idioma all'altro, durante il quale vanno inevitabilmente prese in considerazione le due culture nel loro insieme, con i relativi sistemi di valori e con tutti i diversi aspetti linguistici che ne conseguono. Tradurre non è mai un processo semplice, perché non sarà quasi mai possibile trasmettere perfettamente tutte quante le sfumature di una parola e del contesto in cui è inserita. Ciò nonostante, e anzi proprio per questo, è una sfida appassionante, che talvolta richiede molta energia e ruba ore ed ore di sonno per spenderle in riflessioni per cercare di avvicinarsi il più possibile a colore, suono e sapore della parola originale – oltre che al suo significato, naturalmente. Questo è particolarmente vero in un libro di questo tipo, in cui si parla direttamente ai valori più profondi del lettore, oltre che di sottili differenze di significato e dell'importanza che queste rivestono nei nostri modi di agire.

Per questo specifico libro, la sfida è stata ancora più ardua del solito. Nel testo originale vengono analizzate distinzioni lessicali e semantiche che, oltre a non essere scontate neanche per una persona di madrelingua inglese, non hanno un corrispettivo in italiano. In più, alcune parole originali sono talvolta sconosciute addirittura anche agli anglofoni – primo fra tutti il termine *jumpseat*, intorno al quale si snoda questo libro. In italiano le possibili traduzioni sono "strapuntino, sedile ribaltabile, ribaltino": parole che danno un'idea vaga di un seggiolino precario, che tutt'al più si ricorderanno coloro che viaggiavano in treno in anni ormai remoti, e che se non trovavano un posto libero in uno scompartimento si adattavano a viaggiare in corridoio, usando, appunto, lo strapuntino, e dovendosi alzare in piedi ogni volta che passava qualcuno. Niente a che vedere con l'ambiente della cabina di pilotaggio di un aereo. Soltanto chi lavora in un contesto aeronautico sa cosa sia il *jumpseat*, e inoltre usa il termine inglese. Quindi, così come il termine va spiegato ad un anglofono, esso va spiegato anche ad un italiano, per cui tanto vale usarlo in inglese. In questo modo le motivazioni per usare la parola originale, jumpseat, superano di gran lunga le ragioni a favore di una goffa e mal interpretabile traduzione in italiano. Dietro la scelta di come tradurre questa singola parola, ci sono state diverse mezz'ore di investigazioni su Internet, la ricerca di qualcuno che lavorasse nel mondo dell'aeronautica, una lunga intervista con quella persona, il soppesare le proprie opzioni lessicali, nonché una conversazione con l'autore del libro. Certo, questo procedimento non è avvenuto per ogni termine del libro, ma il testo ha presentato varie sfide di questo tipo. Ad esempio, non esiste una traduzione precisa in italiano per la parola *stand*, così come per *accountability* in contrapposizione a *responsibility*. Confortata dalla mia impagabile collaboratrice Camilla e da Peter, ho deciso di lasciare queste parole in inglese. Per *stand* ho semplicemente tradotto il testo originale che ne spiega il significato, per *accountability* e *responsibility*, ho voluto sviscerarne il significato inglese spiegandolo in italiano – in questo modo creando nuovi strumenti lessicali per il coaching in italiano. Insomma, quando si traduce si fanno scoperte interessanti riguardo una o l'altra lingua, che raccontano innumerevoli e interessanti aspetti culturali.

Per fortuna, oltre ad essere traduttrice sono anche coach, consulente e trainer a mia volta, e lavoro sia in inglese che in italiano. Quindi mi sono sentita completamente a mio agio con i termini, le nozioni e le evoluzioni di questo testo, che non mi si presentavano come materia sconosciuta, bensì come concetti e fondamenti agevoli, che riuscivo a fare e sentire miei prima di consegnarli in italiano.

Il fatto che nel mondo del coaching e della formazione, oltre che in altri contesti come quello del business, si faccia tanto ampio uso di parole, costrutti e locuzioni inglesi, la dice lunga su quanto ci sia bisogno, nella cultura italiana, di aprirci a questi numerosi e nuovi concetti, ed alla ricchezza di possibilità che essi offrono. Da un lato questo ampio uso di anglicismi ha facilitato il mio lavoro, ma dall'altro ha reso più difficile lasciare alcuni termini in lingua originale, rischiando di soffocare il flusso del testo con troppi anglicismi. Spero di avere raggiunto un equilibrio che non risulti troppo spostato verso l'uso dell'inglese, e di essere riuscita a trasmettere appieno la voce di Peter in italiano.

Vorrei ringraziare dal profondo del cuore Peter Docker ed il suo formidabile team per avermi affidato la traduzione di questo suo imprescindibile lavoro. Peter, Ashleigh e Louise sono l'esempio vivente di quanto esposto nel libro, ma soprattutto ottimi compagni di viaggio. Un caloroso grazie a Michele Lamacchia, supervisore operativo presso il Centro di Controllo Radar di Brindisi, per avermi aiutata a districarmi fra i termini tecnici e il gergo degli addetti ai lavori in campo aeronautico, e a tradurli. Una menzione speciale anche per l'amico Marco Angiolini, per la sua celere e gentile disponibilità. Grazie a Luca Favini, proofreader di sensibilità linguistica e capacità spiccate. Grazie a mio marito, Andrea Manetti, che ha spesso dato un contributo significativo. E un immenso grazie a Camilla Catarzi, Company Biographer de La Marzocco, impareggiabile alchimista lessicale. Con lei "condividiamo la stessa insana fissazione per le parole", che ci porta a discutere di un termine, un'espressione o una locuzione a volte per mezz'ore di seguito finché non troviamo la soluzione giusta o almeno la migliore possibile. Senza Camilla, che mi ha confortata e coadiuvata nelle mie scelte lessicali, non avrei potuto svolgere altrettanto bene questa traduzione.

Anna Kraczyna

Capitolo 1

Stabilire il contesto

DA PILOTA, SO che in volo le cose possono cambiare in maniera repentina. Un momento tutto procede calmo e tranquillo, quello dopo devi usare ogni grammo della tua abilità ed esperienza per rimanere in vita. Per fortuna, sui grandi aerei di linea questo cambiamento improvviso non avviene molto spesso. Una mattina di sole nell'agosto 2002 fu una di quelle volte in cui, invece, accadde.

Subito dopo il decollo dall'aeroporto internazionale di San Francisco – con a bordo centoquaranta passeggeri fra uomini, donne e bambini – ci imbattemmo in una grave turbolenza. In un istante l'aereo passò da un volo liscio e regolare all'essere sballottato in aria come una bambola di pezza, per una turbolenza causata forse dal vento che oltrepassava le colline vicine o dalla scia di un jumbo jet davanti a noi.

Se fossimo stati alla normale altezza di crociera di un jumbo, a circa 10.000 metri, una turbolenza del genere sarebbe stata veramente molto fastidiosa. Le bevande si sarebbero rovesciate tutte. Forse si sarebbero aperte alcune cappelliere. Tutti i passeggeri senza le cinture allacciate sarebbero stati sbalzati dai sedili, alcuni avrebbero riportato contusioni, e la maggior parte di loro sarebbe stata, nella migliore delle ipotesi, scossa con violenza prima che l'aereo ritrovasse il proprio corso sereno nell'aria.

Ma quando fummo colpiti da questa turbolenza, non eravamo all'altezza di crociera. Appena decollati, a soli 150 metri da terra, la posta in gioco era molto più alta. La possibilità che ci schiantassimo al suolo era molto reale.

In qualità di comandante dell'aereo, le azioni che avrei intrapreso in cabina di pilotaggio nei successivi fugaci istanti avrebbero influenzato direttamente la sopravvivenza o meno di tutte le persone a bordo dell'aereo. Solo che non ero al posto del comandante, né al posto del copilota. Non avevo nemmeno le mani sui comandi. Ero seduto sul jumpseat.

Per chi non lo sapesse, il jumpseat è il sedile ribaltabile nella cabina di pilotaggio, normalmente utilizzato soltanto per motivi di osservazione. Esiste un protocollo inflessibile su chi può utilizzare il jumpseat, ad esempio un pilota aggiuntivo, un assistente di cabina o un altro membro dell'equipaggio, a seconda delle circostanze e dei requisiti. Quel giorno, quindi, ero seduto proprio dietro alla persona che aveva le mani sui comandi: Calum. Gli avevo conferito il titolo di comandante proprio la sera prima.

Il giorno precedente era stato il coronamento di molti mesi di formazione per Calum, un giovane pilota di talento non ancora trentenne, che aveva compiuto il passaggio da copilota a comandante senza intoppi. Eravamo entrambi ufficiali della

Royal Air Force (RAF), e io ero il suo *squadron commander* – il suo superiore.

Nei due giorni precedenti quel volo, avevo completato la valutazione finale di Calum, facendogli da copilota mentre portavamo il nostro aereo passeggeri militare Vickers VC10 dal Regno Unito a Washington Dulles e poi a San Francisco. Durante quei voli, avevo monitorato attentamente tutti gli aspetti delle sue prestazioni, e mi era stato chiaro che era perfettamente all'altezza degli standard. Dopo aver completato lo spegnimento dei motori a San Francisco, gli avevo dato la grande notizia: ora era pienamente qualificato ed era autorizzato a pilotare, senza supervisione, in qualità di comandante. Ciò significava che al suo volo successivo, da San Francisco a Dulles, in veste di comandante dell'aereo, sarebbe stato pienamente responsabile del funzionamento e della sicurezza dell'intero aereo, dei passeggeri e dell'equipaggio. Avrebbe avuto un copilota regolare che lo avrebbe accompagnato, supportandolo in cabina di pilotaggio. Il mio lavoro di formazione e certificazione di Calum era terminato. Io sarei stato seduto tra i passeggeri, a mettermi in pari con alcuni documenti.

L'ora di punta mattutina al San Francisco International è sempre frenetica. Ci sono quattro piste che si intersecano, e che si incontrano tutte al centro, con dozzine di aerei che competono per uno spazio di decollo tra i jet in arrivo, con il chiacchiericcio via radio quasi costante tra piloti e controllori di volo. In qualità di comandante devi essere al massimo delle tue capacità.

Circa un'ora prima della partenza, mi stavo rilassando sfogliando una vecchia copia di *Flight International*, mentre

Calum e il suo equipaggio erano impegnati a controllare il meteo, il carico dei passeggeri, il percorso e il fabbisogno di carburante per il nostro viaggio fino a Dulles. Poco prima di doverci incamminare verso l'aereo, Calum venne a chiedermi se avessi voglia di sedermi sul jumpseat per il rullaggio e il decollo. Non decollavamo molto spesso da San Francisco, e lui voleva un paio di occhi in più durante il percorso sulle trafficate vie di rullaggio fino alla pista. Accettai volentieri il suo invito e ricordo di aver ammirato la sua decisione: è un buon principio quello di approfittare dei membri "di riserva" dell'equipaggio che possano essere di sostegno.

Completati i controlli pre-volo e con tutti i passeggeri a bordo, lasciammo la rampa. Dal jumpseat avevo un'eccellente visuale oltre il muso dell'aereo e lo aiutai a districarsi nella rete di vie di rullaggio per lui ancora sconosciuta e potenzialmente disorientante mentre ci mettevamo in fila pronti per il decollo. Sarebbe stato facile per Calum prendere la svolta sbagliata, uscire dalla sequenza e finire con l'accumulare un lungo ritardo mentre il controllo del traffico aereo ci spingeva in fondo alla coda. Ma aveva tutto assolutamente sotto controllo, come sapevo che sarebbe stato. Ben presto fummo in fila sulla pista, in orario, autorizzati alla partenza.

Mentre i motori ruggivano e noi rombavamo come un tuono sull'asfalto, non c'era alcun preavviso di ciò che stava per accadere. Sembrava tutto normale.

Quando ci colpì la turbolenza, nella cabina di pilotaggio ci trovammo nello stesso marasma improvviso dei passeggeri. Penne, carta e qualsiasi altra cosa furono repentinamente scagliate per ogni dove. Sentivo il corpo teso contro le cinghie che mi tenevano stretto al sedile. Nel frattempo, Calum stava facendo del suo meglio per mantenere l'aereo in volo distante da terra, mettendocela tutta per tenere il muso alto e le ali livellate.

Seduto sul jumpseat, guardando Calum che lottava con i comandi, avevo una serie di opzioni. E in più sapevo che la mia risposta in quel momento avrebbe potuto avere un impatto significativo sull'esito dell'intera situazione, ma avevo a malapena un secondo per decidere cosa fare. La mia risposta doveva essere quasi istintiva.

Anche se mi rendo conto che è probabile che non siate del mestiere, vi chiedo di prendervi un momento per immaginare cosa avreste fatto al posto mio. In qualità di pilota più esperto e anziano dell'aereo, forse avreste capito che era il caso di allungare la mano e prendere il controllo: dopo tutto, la vita di centoquaranta persone dipendeva da quello che sarebbe successo nell'immediato. Scendendo di un gradino, forse avreste pensato che sarebbe stato meglio trattenersi ma consigliare cosa fare a Calum. Forse avreste scelto di gridare parole di incoraggiamento nell'interfono dell'equipaggio, rafforzando così la fiducia di Calum e rassicurandolo sulle azioni intraprese. O forse avete in mente un'altra immagine, chiara, di come avreste reagito.

Scegliete l'azione sbagliata, e questo potrebbe compromettere seriamente le possibilità di sopravvivenza di tutti quanti.

Quindi? Cosa scegliete? Non dimenticate: avete solo un paio di secondi per decidere, e il tempo stringe...

Mentre pensate a questo scenario, vi racconterò un'altra storia che mi ha aiutato a trovare l'ispirazione per scrivere questo libro.

Scorriamo velocemente in avanti di sedici anni. È il 21 novembre 2018, e sono fermo per la terza volta sul ciglio della strada, seduto a fissare il volante.

Nel 2007, dopo quasi un quarto di secolo, avevo lasciato la Royal Air Force e avevo scelto un percorso molto diverso dalla mia carriera di pilota e militare. Per i primi anni avevo lavorato per una società di consulenza a Londra. Nei sei anni precedenti al 2018, ero diventato relatore e facilitatore professionista, tenendo discorsi sulla leadership e sulla cultura aziendale. Avevo dato sostegno alla leadership di team di manager in tutto il mondo, praticamente in tutti i settori che si possano immaginare. Ero abituato a parlare regolarmente davanti a folle di migliaia di persone, col solo ausilio di una lavagna a fogli mobili per condividere le mie idee. Eppure ero lì, fermo sul ciglio della strada mentre andavo a tenere un discorso per neanche un centinaio di persone, pensando seriamente di voltarmi e tornarmene a casa. Dire che ero nervoso è un eufemismo.

Pensandoci razionalmente, quella serata avrebbe dovuto essere un gioco da ragazzi. Era rivolta a tutti gli *squadron commander* della RAF, le persone che sono a capo delle principali unità di volo dell'aeronautica. Io stesso ero stato uno *squadron commander*, e probabilmente conoscevo molte persone tra il pubblico e le sfide che dovevano affrontare.

Il problema era la voce nella mia testa.

Dopo essermi ritirato dal servizio, avevo in gran parte perso i contatti con chiunque indossasse ancora l'uniforme. Nel corso degli anni, avevo anche analizzato il modo in cui ero stato leader durante il mio periodo militare, pensando a come avrei potuto fare meglio, se solo avessi saputo tutto ciò che avevo imparato nei successivi ruoli di leadership. Ora avrei parlato con persone che ammiravo più di chiunque altro, persone con cui avevo condiviso la cultura dello spirito di squadra, del coraggio e dell'altruismo durante tutto il mio tempo nelle forze armate. Sentivo che si stava insinuando in me la sindrome dell'impostore: l'idea di aver avuto successo solo grazie alla fortuna e non grazie al talento. Ero molto incerto dell'accoglienza che avrei ricevuto. La voce nella mia testa mi diceva che in realtà non volevo scoprirlo.

Era la voce della paura.

C'era anche un'altra voce, una voce che mi diceva che non avevo altra scelta che quella di continuare. Sapevo nel profondo che valeva la pena condividere le mie idee e che queste avrebbero potuto effettivamente aiutare coloro che ascoltavano a pensare in modo diverso. E poi, avevo promesso di farlo, quindi non potevo tirarmi indietro.

Per fortuna, quella seconda voce fu più forte. Controllai il traffico nello specchietto, mi rimisi in strada e proseguii.

Quando arrivai sul posto, tutti avevano appena iniziato la pausa caffè e si erano radunati in fondo alla stanza. Entrai in silenzio, salutai gli organizzatori e mi occupai dell'allestimento. Ero lì da circa cinque minuti quando sentii una mano sulla spalla, e provai un gran sollievo quando, voltandomi, vidi il volto raggiante di un vecchio amico e collega. Simon era stato un giovane ufficiale del mio *squadron* nel 2004, ed eccolo qui adesso, promosso e al comando di un suo *squadron*. Mi strinse calorosamente la mano, chiedendomi cosa avevo fatto dall'ultima volta che ci eravamo incontrati. Subito dopo Simon arrivarono molti altri, tutti desiderosi di stringermi la mano e darmi il benvenuto. Immediatamente mi sentii abbracciato. E, ancor di più, sentii un senso di appartenenza.

La presentazione andò bene. La mia tensione nervosa si dissolse velocemente quando sentii il sostegno di tutti i presenti. Tutti sembravano coinvolti e desiderosi di ascoltare ciò che avevo da dire, e fecero anche ottime domande. Questo mi ricordò che imparare è una parte importante della cultura militare, cosa che spesso è meno presente nel mondo civile. Quando arrivò il momento di concludere, mi presi un attimo per spiegare a tutti come mi ero sentito durante il viaggio quella mattina. Ringraziai l'organizzatore per avermi dato l'opportunità di superare quelle paure, e tutti i presenti per avermi accolto nuovamente a braccia aperte.

Dopo il mio intervento, ci riunimmo al bar per una cena formale e per avere modo di fare due chiacchiere. Simon mi venne vicino per continuare la nostra conversazione precedente e presto fummo raggiunti da altri due, Phil e Al. Come Simon, erano stati *junior officer* del mio *squadron* e ora avevano i propri *squadron* dei quali essere leader a loro volta. Mi congratulai calorosamente con tutti e tre per i progressi che avevano fatto e per le posizioni che avevano raggiunto.

Quello che successe subito dopo mi colse completamente di

sorpresa. Senza alcuna esitazione, tutti insieme, mi risposero: "Lo dobbiamo solo a te".

Rimasi senza parole e mi sentii onorato come mai in vita mia. Non mi sarei mai aspettato quelle parole da persone con cui avevo lavorato così tanti anni prima, figuriamoci dopo essermi sentito un tale impostore mentre mi recavo all'evento.

Quelle cinque parole di Simon, Phil e Al mi portarono a riflettere molto su cosa potevo aver fatto di sbagliato – e su cosa dovevo aver fatto bene – durante il mio periodo nelle forze armate. Da quel giorno quelle cinque parole contribuiscono a formare il mio pensiero su come ispirare i leader di tutto il mondo.

Torniamo ora a quel volo da San Francisco. Vi racconto come decisi di agire in quelle frazioni di secondo poco dopo un decollo potenzialmente disastroso…

Non feci assolutamente niente.

Rimasi fermo al mio posto, perfettamente rilassato, le mani sulle ginocchia, in completo silenzio.

Sapevo che Calum poteva gestire la situazione. Se avessi avuto dei dubbi, non avrei in alcun modo dovuto promuoverlo comandante il giorno prima. Se fossi intervenuto in qualsiasi modo, avrei rischiato di confondere l'equipaggio e di influenzare pericolosamente l'esito della situazione.

In quel momento dovevo diventare un seguace convinto. In quel momento, iniziai ad apprezzare l'importanza di Praticare la Jumpseat Leadership.

Capitolo 2

Perché la Jumpseat Leadership?

TUTTO CIÒ CHE è in questo libro è un distillato di quello che ho avuto la fortuna di imparare sulla leadership mentre ero pilota professionista, comandante militare, project manager, negoziatore, insegnante, relatore, consulente e padre. Tenete presente che non c'è alcun motivo per cui il padre sia all'ultimo posto nell'elenco. Come capirete dai vari esempi in questo libro, ritengo che a volte il ruolo di genitore sia il più impegnativo e gratificante, e spesso la prova più grande della propria capacità di praticare la Jumpseat Leadership.

Ho avuto l'opportunità di essere leader – e di seguire un leader – in molte situazioni difficili. A volte mi sono sentito completamente fuori dalla mia area di competenza. Altre volte ho ottenuto risultati ben oltre ciò che avevo previsto o addirittura sperato. Ho lavorato con molti professionisti e leader straordinari in tutto il mondo, e anche con alcuni francamente terribili. Ognuno di loro mi ha lasciato un segno, e non cambierei niente di ognuna di queste mie esperienze.

La scrittura di questo libro è un'opportunità per riflettere, collegare ogni cosa e condividere ciò che ho imparato. Credo fermamente che ogni persona e ogni organizzazione siano capaci di realizzare cose straordinarie, ottenendo molto più di quanto possano anche solo pensare sia possibile. Il segreto è innanzitutto connettersi con chi siamo veramente, a livello umano.

A volte possiamo vedere quasi immediatamente l'effetto che abbiamo sul mondo e sugli altri. Nel ruolo di piloti, le scelte che facciamo spesso rientrano in questa categoria e possono essere un ottimo test di leadership, come illustrato dalla prima storia del primo capitolo. La seconda storia di quel capitolo è un esempio di come a volte possano volerci anni per renderci conto dell'effetto che abbiamo su chi ci circonda.

Per me, la cabina di pilotaggio di un grande aereo è come un microcosmo di leadership. È un ambiente che può mostrare gli esempi migliori e quelli peggiori di come gli esseri umani interagiscono e si comportano, in particolare quando sono sotto pressione. Il team che compone un equipaggio di volo è in continua evoluzione. In una grande compagnia aerea, spesso i membri dell'equipaggio si incontrano per la prima volta appena un'ora prima della partenza. Ciononostante, devono sempre poter lavorare insieme in modo efficace fin dai primi minuti di volo, soprattutto in caso di emergenza.

Negli ultimi anni l'esempio più drammatico di questa necessità forse è stato quello del volo della US Airways il 15 gennaio 2009, pilotato dal Comandante Chesley Sullenberger e dal suo primo ufficiale, Jeffrey Skiles. L'equipaggio fu costretto ad abbandonare l'aereo nel fiume Hudson appena sei minuti dopo aver decollato dall'aeroporto LaGuardia. Incredibilmente, sopravvissero tutti, grazie all'abilità dei piloti e alla professionalità dell'equipaggio di cabina, e grazie al lavoro che svolsero tutti insieme. L'accaduto divenne noto come il "Miracolo sull'Hudson".

Sebbene la storia che ho raccontato all'inizio del libro sia meno impressionante e il risultato meno miracoloso, è comunque evidente che Calum ha veramente salvato la situazione. Dopo esserci ripresi dalla turbolenza, proseguimmo tutti il nostro volo sani e salvi verso Washington Dulles. La formazione di Calum ebbe un ruolo essenziale per il risultato, così come il suo carattere come individuo, insieme alla cultura della nostra organizzazione.

Sono sicuro che anche il modo in cui scelsi di reagire abbia aiutato. Molti di noi hanno provato come ci si sente a sapere che qualcun altro crede in noi e ci copre le spalle. Ci aiuta a superare le fastidiose esitazioni o i dubbi su noi stessi, soprattutto quando incontriamo qualcosa di nuovo o di particolarmente impegnativo. La fiducia che gli altri hanno in noi ci proietta in avanti come raramente riusciamo a fare da soli.

Più tardi durante il nostro volo per Dulles, dopo aver passato i comandi all'altro pilota, Calum si prese una pausa per sgranchirsi le gambe e mi raggiunse nella *galley* (la zona vivande) per una tazza di tè. Mi congratulai con lui per la calma e l'efficacia con cui aveva gestito la situazione poco prima. Calum guardò tutti i passeggeri lungo il corridoio e rifletté a bassa voce: "Ora so cosa significa essere un comandante".

Praticare la Jumpseat Leadership è una metafora del modo in cui possiamo scegliere di essere leader, e della cultura che possiamo creare. Riguarda il percorso che intraprendiamo per arrivare al punto in cui passiamo i comandi ad altre persone, che sono poi in grado di continuare ad andare avanti senza di noi. Si tratta di elevare le persone e dare loro lo spazio di cui hanno bisogno in modo che, quando verrà il momento, possano prendere l'iniziativa ed essere leader. Questa è una forma più elevata di leadership, poiché non si tratta di costruire e mantenere il nostro potere individuale. Si tratta, invece, di focalizzarci su coltivare il potenziale degli altri e di dare loro la possibilità di diventare leader. Tutto questo è particolarmente rilevante se stiamo lavorando su qualcosa che è davvero importante per noi. Ne spiegherò il motivo nel capitolo 3.

Negli affari e nella vita, passare il comando ad altri è qualcosa di ineluttabile. Tutti alla fine lasceranno il proprio team, si ritireranno dalla carica di amministratore delegato o vedranno i propri figli andare via di casa e vivere la propria vita. Praticare la Jumpseat Leadership ci consente di abbracciare questa inevitabilità. Incoraggia lo sviluppo della leadership a ogni livello all'interno dei nostri team. Permette alle nostre persone di ottenere risultati migliori insieme, e ci porta a realizzare di più. Crea una cultura che è generativa e che si basa sulla solidarietà. È un approccio che alimenta le condizioni di base affinché ciò che abbiamo costruito continui a crescere.

Praticare la Jumpseat Leadership è una disciplina. È un modo di interagire con gli altri che migliora le prestazioni in qualsiasi situazione: nel lavoro quotidiano, nei periodi di crisi e nella vita in generale. Ci prepara per affrontare sfide scoraggianti. Ci dà l'atteggiamento mentale per andare oltre ciò che attualmente sappiamo fare, con l'impegno di trovare le risposte man mano che procediamo.

Riflettere è importante. Fu solo anni dopo quel volo con Calum che mi resi conto di cosa signifdichi veramente praticare la Jumpseat Leadership, e che lo stavo imparando da sempre. Vedete, se abbiamo successo come Jumpseat Leader, mentre l'effetto sugli altri è immediato, ci sono buone probabilità che potremmo non saperlo noi stessi, se non anni dopo. Quando esitai durante il viaggio per tenere il mio discorso ai comandanti dello squadrone, fu perché non sapevo come sarei stato accolto dopo i miei anni di lontananza. Non ero sicuro di quale eredità mi fossi lasciato alle spalle, o se ne avessi lasciata una. Col senno di poi, mi sembra di essere effettivamente riuscito a diventare un Jumpseat Leader – dopo tutto, Simon, Phil e Al (solo per citarne alcuni) avevano continuato a crescere come leader a pieno titolo. Non ho dubbi che realizzeranno più di quanto abbia realizzato io. E questa, sicuramente, è un'eredità che vale la pena avere.

CONSIDERATE QUESTO

In ogni capitolo di questo libro voglio offrire alcuni semplici modi per mettere in pratica le idee che ho condiviso. Il modo in cui agiamo dipende da dove ci troviamo personalmente nel nostro percorso verso la Jumpseat Leadership. In ogni capitolo suddividerò il percorso in quattro fasi.

La prima fase è data da quando cerchiamo di identificare ciò che è veramente più importante per noi: cosa conta e cosa no. In questa fase stiamo imparando a essere leader di noi stessi. Chiamerò questa fase **Imparare a volare**.

In alternativa, potremmo già essere ben instradati su questo percorso nella vita, mettendo in atto quelle cose che sono veramente importanti per noi e costruendo la resilienza che ci aiuterà a continuare a farlo. Adesso stiamo iniziando a pensare di più agli altri e al modo in cui le nostre azioni influenzano il quadro più ampio delle cose. Chiamerò questa fase **Volare**.

Poi viene la fase **Insegnare agli altri a volare**. Questo è il momento in cui diamo spazio alla crescita degli altri, in modo che possano consolidare ciò che è importante per loro e dare un contributo maggiore al team e, in definitiva, al mondo. Stiamo trasmettendo le nostre conoscenze e competenze, effettuando al tempo stesso il passaggio a essere leader di coloro che hanno capacità e competenze che vanno oltre le nostre.

Infine, **Praticare la Jumpseat Leadership**. Questo è quando ci concentriamo sulla creazione delle condizioni in cui gli altri possano prendere il controllo, proprio come feci per Calum, Simon, Phil e Al. Siamo pronti e disposti ad assumere il ruolo di seguace, a seguire e sostenere coloro che abbiamo elevato. Sappiamo che stiamo facendo le cose nel modo giusto se veniamo accolti quando torniamo, se siamo invitati a fare parte del gruppo da coloro che abbiamo aiutato a prendere l'iniziativa e diventare leader.

Ognuna delle quattro fasi riflette il modo in cui potremmo comportarci in momenti diversi della nostra carriera lavorativa mentre, ad esempio, progrediamo e raggiungiamo posizioni sempre più avanzate in un'azienda. Tuttavia, la fase in cui ci troviamo non è necessariamente legata a una sola posizione o ad un solo ruolo. Ad esempio, come imprenditore, anche se il vostro ruolo di fondatore potrebbe non cambiare, probabilmente sperimenterete ciascuna delle quattro fasi man mano che fate crescere la vostra attività, fino a quando non la venderete, andrete in pensione o semplicemente smetterete di respirare. È come essere genitori: vivremo tutte le fasi una per volta, dai primi giorni in cui cercheremo di capire come prenderci cura di un neonato, fino a quando i nostri figli saranno cresciuti, saranno andati via di casa, e vivranno la propria vita.

Vale anche la pena ricordare che a volte viviamo fasi diverse in uno stesso momento della nostra vita. Ad esempio, ci saranno momenti in cui stiamo appena iniziando un nuovo ruolo lavorativo, ma stiamo ricoprendo un ruolo di leader al di fuori del lavoro.

Qualunque cosa stiamo facendo, non smettiamo mai di imparare. Per tutti questi motivi, vi incoraggio a soffermarvi su ogni capitolo e sugli esempi di questo libro.

PRENDERSI UN IMPEGNO

Capitolo 3

Quando qualcosa è importante abbastanza

A COSA TENETE veramente? Non sto parlando della vostra nuova auto, dell'ultimo cellulare o del vostro prossimo aumento di stipendio. Sebbene questo genere di cose siano importanti a un qualche livello – e tutti possiamo prendercela se vengono danneggiate, perse o mai raggiunte – probabilmente possiamo sopravvivere senza di esse. Ciò a cui invece mi riferisco sono **quelle cose che per noi contano veramente**, e che, come un costante accompagnamento di sottofondo, guidano le nostre azioni lungo il corso della vita. Quelle cose che sono non-negoziabili. Quelle per le quali restiamo irremovibili, che difendiamo contro ogni probabilità, anche quando questo ci richiede un sacrificio personale.

Un aspetto della vita a cui molti di noi tengono profondamente è la famiglia. Un altro sono gli amici più cari. È probabile che, se pensiamo che le persone a noi care siano in pericolo o malate, o che abbiano bisogno del nostro aiuto per qualsiasi altro motivo, noi facciamo tutto il possibile per farci avanti ed aiutarle. Per esempio, l'anno scorso ricevetti una telefonata da mia moglie che mi diceva di essere rimasta coinvolta in un incidente stradale. Mollai tutto quello che stavo facendo e corsi subito ad aiutarla. Non mi avrebbe fermato niente. Chiaramente, ci furono delle conseguenze: il lavoro rimase incompiuto e le teleconferenze furono disattese. Ma più tardi, quando spiegai il motivo della mia assenza a chi avevo dato buca, mi mostrarono una comprensione totale. Tutti capirono, senza che dovessi scusarmi ulteriormente. Tale è l'accettazione quasi universale del fatto che la famiglia conta veramente.

Quello che è interessante sono la forza e lo slancio che si sprigionano dentro di noi quando ci troviamo di fronte a qualcosa a cui teniamo profondamente. Ci pervade l'energia necessaria per superare qualsiasi ostacolo sulla nostra strada, anche quando non siamo sicuri sul da farsi. Ciò è forse particolarmente vero per i genitori, sia quando proteggono i figli dal pericolo, sia quando offrono loro ogni possibile opportunità di realizzarsi. Per rendersi conto di quanto potente possa essere questa spinta, basta guardare le immagini, spesso angoscianti, di genitori che tengono stretti i loro bambini mentre fuggono dalle zone di guerra.

Anche se l'importanza della famiglia e degli amici più cari è forse scontata, a livello individuale può volerci del tempo per iniziare a capire quali sono le cose che sono profondamente importanti. E può volerci ancora più tempo per elaborare e accettare pienamente e consapevolmente questi concetti, cioè per trasformare la comprensione di ciò che conta di più in un presupposto concreto per la propria vita. Alcune persone iniziano questo processo nella prima adolescenza. Per altre il processo può cominciare in età avanzata, magari in seguito a un evento che cambia la vita, a causa del quale diventa del tutto chiaro ciò che per loro conta di più. Il punto è che prima riusciamo a identificare ciò che importa *veramente* di più per noi, prima potremo attingere all'energia e allo slancio che ci vengono da quelle cose.

Questa riserva di energia è importante per chiunque scelga di essere leader. Ogni volta che siamo leader, possiamo creare e indirizzare le cose in modi che altrimenti non sarebbero accaduti. Praticare la leadership, quindi, spesso significa dare vita a cose nuove – cose che non si sarebbero realizzate se non avessimo avuto quel ruolo.

Per sua stessa natura, la leadership è difficile. Viviamo in un mondo complesso in cui le nostre azioni spesso hanno esiti imprevedibili. Questo è particolarmente vero quando interagiamo con altri esseri umani. A differenza delle linee di codice nella programmazione informatica, in cui un'istruzione segue logicamente un'altra, il comportamento umano genera conseguenze infinitamente diverse e inaspettate.

Nel ruolo di leader affrontiamo situazioni nuove e impegnative in cui spesso non abbiamo un modo affidabile o coerente di sapere da dove iniziare o quale strada prendere. Per fare progressi come leader, è quindi fondamentale trovare innanzitutto un ancoraggio nelle cose che sono più importanti per noi. Trovarlo nei nostri presupposti, fondati sulle cose che riteniamo veramente importanti nella vita. Ogni volta che ci troviamo di fronte alle situazioni di leadership più difficili, quelle cose che riteniamo veramente importanti nella vita agiranno come fonte di energia da cui possiamo attingere per superare le sfide che affrontiamo. Una volta che sappiamo nel profondo cosa è veramente importante per noi, questo ci aiuterà anche a guidare le scelte che facciamo e il modo in cui siamo leader di noi stessi. E più miglioriamo nell'essere leader di noi stessi, più strumenti avremo per essere leader degli altri.

LE SCELTE SONO SEGNI

Per la maggior parte delle persone, una delle prime scelte significative da affrontare nella vita è cosa fare dopo la scuola dell'obbligo. Per alcuni, può essere abbastanza semplice. Potremmo aver avuto fin da piccoli il desiderio – si potrebbe considerarla una "vocazione" – di essere, ad esempio, un medico, un avvocato o un ingegnere. Per nessuna di queste carriere è semplice prepararsi, come non è semplice svolgerle con successo. Sebbene sia facile pensare che chi intraprende un percorso nelle arti dello spettacolo incontri difficoltà di poco conto, probabilmente queste persone affrontano più delusioni e rifiuti rispetto alla maggior parte degli altri, a prescindere da quanto diventino brave. Qualunque sia il campo, tutti coloro che raggiungono il successo professionale sono guidati da qualcosa di profondo, qualcosa che ha richiesto sacrifici personali nel corso di molti anni di formazione. È questa spinta che ha consentito loro di superare gli ostacoli lungo il percorso.

Mentre stiamo facendo le nostre prime scelte professionali, probabilmente ci saranno amici intimi e familiari che ci dicono cose del tipo: "Ma sei sicuro di fare così?", "Sarà dura e costerà molto", oppure "Cerca, invece, di fare marketing: saresti bravissimo". Quelli che scelgono di non proseguire gli studi o di non intraprendere un altro percorso professionale possono subire pressioni da parte di familiari che pensano che stiano prendendo la decisione sbagliata. A volte, e forse è ancora peggio, possono incorrere nella disapprovazione degli ex compagni di scuola che invece si sono adattati a compiacere le aspettative altrui. Alcuni potrebbero essere convinti di avere nuove brillanti idee imprenditoriali, ma incontrare la disapprovazione di altri che pensano che non avranno mai successo. Qualunque siano le circostanze, quando facciamo delle scelte cruciali, di sicuro ci saranno persone intorno a noi che avranno opinioni diverse. Ma saremo in molti a portare avanti comunque le nostre scelte perché sentiamo che è la cosa giusta da fare.

Nel lontano settembre del 1981 avevo deciso di iscrivermi alla Keele University per conseguire una doppia laurea in ingegneria elettronica e informatica. Sicuramente in molti erano scettici riguardo al percorso che avevo scelto. Avevo seguito pochissime lezioni di elettronica, e l'informatica doveva ancora diventare *mainstream* (il che vi dà un'idea approssimativa dell'epoca a cui mi riferisco). Nei miei ultimi due anni di liceo mi ero concentrato su matematica (che mi avrebbe aiutato un po'), su letteratura inglese e su economia. La mia mancanza di un'esperienza accademica pertinente era tale che Keele era l'unica università in quel momento disposta a offrirmi un posto. Il motivo per cui avevo scelto quella strada? Mi ero convinto che il futuro fosse nel campo di studi che avevo scelto, e che lì si sarebbero aperte molte opportunità ben retribuite. Col senno di poi ero interessato a questi argomenti, ma non particolarmente appassionato. Per me, si trattava più di essere determinato a farmi strada nel mondo e di non essere un peso per gli altri. Già a quell'età il fare affidamento solo su me stesso cominciava a emergere come qualcosa di molto importante per me.

Avevo iniziato il mio percorso universitario da sette mesi quando le forze argentine invasero le Isole Falkland nell'Oceano Atlantico meridionale, a circa 13.000 chilometri dal mio campus universitario relativamente tranquillo. Si trattava di un tentativo da parte dell'Argentina di rivendicare la sovranità del piccolo e aspro arcipelago, che ospitava diverse migliaia di persone, e che era stato territorio britannico d'oltremare per oltre un secolo. Gli abitanti delle Isole Falkland si consideravano del tutto britannici (come continuano a fare) e non apprezzavano il nuovo regime, che era stato loro imposto all'improvviso. Al momento dell'invasione, non conoscevo la storia della lunga disputa tra Gran Bretagna e Argentina, ma c'era un aspetto che mi colpiva davvero: mi irritava il fatto che le persone fossero costrette a intraprendere un percorso contro la loro volontà. Gli isolani erano impotenti di fronte alla forza schiacciante delle truppe arrivate sulla loro terra, inviate da un governo che non rispettava il modo in cui avevano scelto di vivere.

Mi resi conto che volevo essere nella posizione di fare qualcosa al riguardo, se non per coloro che si trovavano nelle Falkland, almeno per chi si sarebbe trovato in una situazione simile in futuro. L'invasione delle Falkland mise a fuoco nella mia mente qualcosa che contava profondamente per me: volevo aiutare coloro che non potevano aiutare se stessi.

Fin da piccolo, mi ero trovato ad avere contatti con la Royal Air Force, sia attraverso organizzazioni giovanili che per conoscenze familiari. In quel momento mi resi conto che, unendomi a questa organizzazione, sarei diventato parte di qualcosa che combaciava con la mia etica. A giugno del 1983 feci un'altra scelta che molti all'epoca misero in dubbio:

abbandonai l'università, a metà del mio percorso, e iniziai la mia formazione come ufficiale e pilota della RAF presso il college militare di Cranwell.

Le mie scelte stavano cominciando a trasformarsi in *stand*.

POSIZIONI E *STAND*

Stabilire in modo condiviso il significato di una parola – cioè fare una distinzione – ci consente di avere conversazioni più costruttive, il che ci permette di raggiungere risultati migliori. Ad esempio, nel 2019 in pochi sapevano cosa fosse una chiamata Zoom. Oggi milioni si trovano d'accordo sulla distinzione fra chiamata telefonica e chiamata Zoom.

Una distinzione che ho trovato particolarmente utile è la differenza tra una posizione e una *stand*.

Una **posizione** è la conseguenza a una reazione negativa a qualcosa con cui non siamo d'accordo. Attualmente ne vediamo tanti esempi in politica, nei notiziari e soprattutto sui social media. Ciò è in gran parte dovuto al fatto che è relativamente facile dire che non siamo d'accordo, opporsi a un'idea o al punto di vista di un'altra persona. Capita di sentirci chiamati in causa quando ascoltiamo o leggiamo un commento che non ci piace particolarmente. Proviamo una sensazione che viene da qualche parte nel profondo, che sembra salire dalla pancia. Ma proprio l'esistenza di una posizione dipende dalla sua stessa contrapposizione. In altre parole, se togliamo la contrapposizione, la nostra posizione non avrà più ragione di essere.

Lasciate che vi faccia un esempio.

Immaginate di guidare lungo una stradina stretta e di incontrare una macchina che arriva dalla direzione opposta. Non c'è abbastanza spazio per entrambe le auto, quindi voi o l'altro conducente dovrete fare marcia indietro per far passare l'altro. Tuttavia, ognuno assume la posizione per cui deve essere l'altro conducente a cedere. Gli animi si scaldano e siete sempre più convinti che debba essere l'altro a spostarsi. Cominciate a razionalizzare la questione per rafforzare la vostra posizione: *stava guidando troppo velocemente, la sua macchina è troppo grossa per questa stradina, il mio viaggio è più importante del suo*. Mentre questi e altri pensieri vi attraversano la testa, all'improvviso notate che l'altro conducente sta facendo retromarcia verso uno slargo per permettervi di proseguire. La posizione che avete preso così velocemente e che avete iniziato a rinforzare nella vostra testa si dissolve in un istante.

Una **stand**, invece, serve a qualcosa e genera un'energia completamente diversa. Una *stand* non dipende da niente o da nessuno per esistere. Riguarda ciò che per noi è importante. Una *stand* è come un'isola su cui avete piantato la vostra bandiera per mostrare quali sono le cose che per voi contano. Coloro che passano davanti alla vostra isola possono vedere la bandiera e, se condividono la vostra stessa *stand*, possono unirsi a voi sull'isola: c'è spazio per tutti. È importante sottolineare che se qualcuno non condivide la vostra *stand*, può andare oltre, e va bene così. Qualunque cosa gli altri scelgano di fare, la vostra *stand* rimane tale finché voi decidete di mantenerla.

Cosa succederebbe nel nostro esempio della stradina stretta? Diciamo che il guidatore che ha fatto retromarcia aveva la *stand* della cortesia e della considerazione per gli altri sulla strada. Questa *stand* non dipende dalle azioni del conducente dell'altra macchina e continuerà ad esistere molto tempo dopo che quel particolare momento sarà passato. Ed è anche una bella sensazione mettere in pratica le proprie *stand*. L'energia che si sprigiona è positiva.

L'obiettivo di una posizione è di avere la meglio sulla contrapposizione. È intrinsecamente divisivo, può diventare estenuante e dipende dal fatto che altri mantengano la propria contrapposizione.

L'obiettivo di una *stand* è diventare più coerenti e più forti in ciò che crediamo. Richiede di essere disposti, se necessario, a fare sacrifici per sostenerlo, pur rimanendo sempre aperti verso coloro che scelgono di unirsi a noi in nome di quella *stand*. Una *stand* è generativa, inclusiva e non necessita di altri per esistere.

Anche se all'epoca non me ne rendevo pienamente conto, quando scelsi di lasciare l'università e unirmi alla RAF, stavo agendo in base alla *stand* di aiutare persone che altrimenti sarebbero state indifese. Era una cosa che sentivo essere quella giusta da fare. Avere questa *stand* mi ha spinto ad andare avanti, indipendentemente dagli altri che potevano dubitare della mia scelta. Affermare una *stand* – agire in base a ciò che crediamo sia giusto – spesso richiede coraggio, poiché è molto probabile che questo ci "distingua" rispetto agli altri. Spesso è anche un atto di vulnerabilità, poiché permettiamo agli altri di sapere ciò che conta davvero per noi.

Un mio grande amico, conosciuto semplicemente come AJ, prestò servizio con me nella RAF e siamo amici intimi da diversi decenni. Per tutto questo tempo, ha sempre scelto di non bere alcolici. Deve essere stata dura per lui da ragazzi, quali eravamo entrambi negli anni '80, quando tra i nostri coetanei c'era una cultura del bere piuttosto forte. Ma AJ ebbe il coraggio di attenersi costantemente a quella che riteneva essere la scelta migliore, e la gente lo rispettava per questo. È importante sottolineare che non ha mai pensato che altre persone avessero torto nel non condividere la sua *stand*: si trattava di lui, non degli altri. E questo è uno dei punti più importanti di avere una *stand*: anche se a volte può servire un grande coraggio per mantenere una *stand*, più siamo coerenti, più diventa facile.

Scegliere una *stand* – decidere di essere fedeli a una convinzione forte – ci fornisce le basi per decisioni sempre più sagge e più forti. Ci fa da guida, aiutandoci a prendere decisioni migliori e più coerenti che sentiamo giuste, e ci dà la riserva di energia per portare in fondo quelle decisioni. Genera opzioni migliori e più coerenti nella nostra vita, anche quando ci troviamo di fronte ad altre *stand* che sembrano essere incoerenti con le nostre.

STAND IN CONFLITTO FRA DI LORO

Quando abbiamo una *stand*, è per definizione qualcosa a cui teniamo profondamente. Genera molta energia positiva, e magari ce ne appassioniamo. Ma cosa succede se ci troviamo in una situazione in cui qualcun altro ha una *stand* che sembra essere in conflitto con la nostra?

Questo è il momento in cui possiamo facilmente finire per prendere posizione contro l'altra persona. Quando succede, l'energia positiva si trasforma in energia negativa, il che tende a chiudere ogni possibilità di risoluzione mentre ci concentriamo su come prevalere sulle convinzioni dell'altra persona. Il miglior modo per fare progressi è rifocalizzarci sulla nostra *stand*.

Quando mio figlio si stava avvicinando al suo diciottesimo compleanno, decise che voleva andare oltre il suo motorino di piccola cilindrata e acquistare una grande motocicletta Suzuki Bandit da 600 cc, il cui motore era in grado di accelerare da 0 a 100 km/h in poco più di tre secondi e poteva raggiungere una velocità massima di 210 km/h. Come genitore, la mia reazione immediata fu quella di pensare: *non se ne parla nemmeno!* Le strade vicino alla zona dove abitiamo sono pericolose. Sono strette, tortuose, e spesso congestionate da veicoli che, in caso di incidente, ne escono sempre meglio rispetto a una motocicletta. Come quasi ogni genitore, l'incolumità e il benessere dei miei figli sono davvero importanti per me.

Mio figlio, però, la vedeva diversamente. Quello che importava davvero per lui era la libertà: la libertà di andare in giro a trovare i suoi amici e di godersi l'emozione della velocità. Il risultato prevedibile dei nostri punti di vista divergenti era che mio figlio ed io saremmo rimasti bloccati: una posizione di fronte a una contrapposizione. Saremmo diventati come l'esempio delle due auto sulla strada stretta, solo che questa volta nessuna delle due parti era disposta a cedere.

Scelsi un approccio diverso.

Invece di prendere posizione *contro* il fatto che mio figlio avesse la Suzuki, mi focalizzai nuovamente sulla mia *stand* a favore della sua sicurezza. Questo semplice cambiamento mi dette una prospettiva completamente nuova e dette luogo a un dialogo differente. Gli dissi che avrei appoggiato la sua scelta e lo avrei anche aiutato a trovare una buona moto usata. Tuttavia, c'era una condizione: doveva accettare di prolungare la sua formazione oltre il minimo richiesto per ottenere la patente. Dopo l'ottenimento della patente, si sarebbe iscritto immediatamente ad un corso di guida sicura con attestato finale. Gli dissi che avrei pagato io per la formazione ulteriore e, soprattutto, avrei seguito lo stesso corso e avrei imparato insieme a lui. Mio figlio accettò. Dopotutto, pensava che sarebbe stato bello diventare un motociclista con un attestato ufficiale di esperienza.

Iniziammo l'addestramento e acquistammo anche una bellissima Bandit gialla, che rimase nel capanno in attesa che fossimo qualificati per guidarla. Poi, qualche settimana dopo l'inizio del corso, mio figlio venne da me e mi disse che aveva deciso di intraprendere una strada diversa. Disse che aveva capito che non avrebbe potuto permettersi di andare da nessuna parte con la Suzuki perché, alla sua età, il costo dell'assicurazione sarebbe stato esorbitante. Aveva deciso invece di comprare un'auto.

Nel corso delle settimane, mentre seguivamo insieme le lezioni, da pari a pari, il nostro rapporto assunse una nuova dimensione. Non sarebbe mai successo se fossi rimasto sulla mia posizione iniziale. Come molti adolescenti fortemente determinati, mio figlio avrebbe puntato i piedi se avessi insistito sul fatto che non poteva guidare una moto da 600 cc. Per fortuna, il fatto che io seguii una *stand* gli permise di pensare apertamente ai pro e ai contro, compreso il costo dell'assicurazione. Poco dopo, comprò la sua auto e ben presto scelse di iscriversi a un corso di avviamento alla guida sicura. Per quanto riguarda la Suzuki, la vendemmo in ottime condizioni pochi mesi dopo, senza che nessuno di noi due l'avesse mai guidata.

LE *STAND* DIVENTANO AZIONI

Le *stand* che scegliamo di seguire nella vita guidano le nostre azioni, costruendo ciò che gli altri vedranno come aspetti importanti del nostro carattere. Inoltre, generalmente le persone nutrono maggiore rispetto per coloro che abbiano forti convinzioni per ragioni positive. Più mostreremo coerenza con le nostre *stand*, maggiore sarà la fiducia che gli altri proveranno nei nostri confronti. Quando ci facciamo guidare dalle nostre *stand* nel lavoro o nella nostra attività, esse ci daranno anche le basi su cui costruire la nostra reputazione.

Elon Musk, l'imprenditore americano nato in Sud Africa, ha costruito diverse attività basate su ciò che per lui conta di più. Forse le più conosciute sono la sua azienda di auto elettriche, Tesla, e la sua attività di esplorazione spaziale, SpaceX. Entrambe queste società sono costruite su qualcosa a cui Musk tiene molto: il futuro della razza umana. Questo è uno delle sue *stand*. Un'altra è quella di voler rendere quel futuro entusiasmante, e crede che ciò non si realizzerà se non saremo noi a fare sì che ciò avvenga.

Tesla si basa sulla *stand* di rendere la diffusione di massa di veicoli elettrici un'alternativa attraente e praticabile a quelli alimentati a combustibili fossili. Musk sostiene che ciò ridurrà le emissioni di carbonio nell'atmosfera e contribuirà a garantire che il nostro pianeta rimanga abitabile a lungo. Che gli altri condividano o meno la sua convinzione non ha importanza per Musk. Lui tiene alta la sua bandiera sulla sua isola, ed è aperto al fatto che altri si uniscano a lui se lo desiderano. In alternativa, se non vogliono far parte di ciò che lui sta costruendo, possono tranquillamente passare oltre.

In poco più di un decennio di produzione di massa di auto elettriche da parte di Tesla, molti altri produttori di automobili si sono impegnati a fare lo stesso. Musk ha incoraggiato questo trend, offrendo supporto e concedendo l'utilizzo dei brevetti della tecnologia di Tesla ad altri produttori. Invece di prendere posizione *contro* la concorrenza del mercato, Musk continua a coltivare la propria *stand* per il futuro che vuole creare. Lo ha ribadito il 29 luglio 2020, quando ha twittato: "Stiamo solo cercando di accelerare verso l'energia sostenibile, non di schiacciare i concorrenti!"

SpaceX è un altro eccellente esempio di come Musk abbia dato forma a una *stand*. Quando fondò la società nel 2002, l'esplorazione spaziale era dominio dei programmi finanziati dal governo, non delle società private. Il ruolo di SpaceX è quello di promuovere la *stand* di Musk a favore del futuro della razza umana, consentendoci la possibilità, alla fine, di colonizzare Marte.

LE *STAND* NUTRONO LA RESILIENZA

Nel 2006 SpaceX lanciò il suo primo razzo. Esplose trentatré secondi dopo il decollo. Anche il secondo tentativo, nel 2007, fallì. Così come il terzo, nel 2008, che inoltre distrusse il primo carico utile trasportato per la NASA. Fortunatamente, il quarto tentativo andò bene e fu seguito da una serie di altri lanci andati a buon fine. Poi, il 28 giugno 2015 – nel giorno del compleanno di Musk – un razzo SpaceX, che trasportava un doppio carico utile per la NASA, si polverizzò poco dopo il lancio.

Ognuno di questi fallimenti deve essere stato un duro colpo per Musk. Eppure le sue *stand* lo hanno sostenuto e gli hanno dato la forza di andare avanti. Alla domanda che una volta gli fu fatta su come riesca a superare tutti gli ostacoli, Musk rispose: "Quando qualcosa è importante abbastanza, la fai anche se le probabilità non sono a tuo favore".

Man mano che accresciamo la comprensione di noi stessi e di ciò che importa abbastanza nella nostra vita, questa consapevolezza ci dà l'opportunità di attingere a profonde riserve di energia, che possono darci la spinta necessaria nei momenti più difficili, aiutandoci a superare gli ostacoli che incontriamo. Questa energia può anche sostenerci quando inciampiamo lungo il percorso. Definire le cose che sono importanti abbastanza per noi come *stand*, invece che come posizioni, ci consente di agire consapevolmente in base ad esse in modi che sono generativi. Agire secondo le proprie *stand* richiede coraggio, e, quando troviamo questo coraggio, definiamo chi siamo come individui. In parole povere, iniziamo a *essere leader di noi stessi*. E quando facciamo questo, abbiamo i punti di riferimento necessari per essere leader in modo più efficace anche degli altri.

CONSIDERATE QUESTO

È probabile che nel corso della nostra vita sviluppiamo diverse *stand*, che rispecchiano le cose che importano abbastanza per noi. Queste *stand* includeranno il modo in cui trattiamo la nostra famiglia, i nostri amici e i colleghi di lavoro; come scegliamo di impiegare il nostro tempo e spendiamo il denaro; e quale forma diamo ai nostri piani per il futuro. È importante sottolineare che quanto più abbiamo chiare le nostre *stand*, tanto più utili queste saranno nel guidarci quando affrontiamo l'ignoto.

◆ **IMPARARE A VOLARE**

Considerate questo: la prossima volta che vi trovate in una situazione in cui percepite tensione con qualcuno, fermatevi e chiedetevi: *Sto semplicemente prendendo una contrapposizione o si tratta di qualcosa che importa veramente per me?*

Se è quest'ultimo caso, agite in modo da trasformare la vostra posizione in una *stand*, in modo da poter risolvere ciò che avete di fronte verso un risultato collaborativo e positivo.

Se è il primo caso e per voi non è veramente importante, provate ad abbandonare del tutto la vostra posizione e vedete cosa succede.

◆ **VOLARE**

Considerate questo: le persone intorno a voi sanno quali sono le *stand* che vi muovono?

Consolidate le vostre *stand* mettendole in pratica attraverso le vostre azioni. Cercate la coerenza. Quando affrontate una sfida, tenetevi saldamente connessi a ciò che è importante per voi perché vi sostenga durante la sfida. Questo rafforzerà carattere e capacità di resilienza.

◆ **INSEGNARE AGLI ALTRI A VOLARE**

Considerate questo: la prossima volta che assistete a posizioni diverse che vanno incontro a un conflitto, cogliete l'occasione per intervenire.

Fate domande. Ascoltate le *stand* fondanti. Dialogate con ciascuna parte per scoprire ciò a cui ognuna tiene veramente nella situazione specifica, e vedete se si presenta una soluzione semplice.

Se ci sono *stand* contrastanti, fate un brainstorming per trovare una soluzione generativa in modo che ogni persona possa continuare a seguire la propria *stand*.

◆ **PRATICARE LA JUMPSEAT LEADERSHIP**

Considerate questo: la prossima volta che qualcuno vi chiede come affrontereste una determinata situazione e sapete che ha gli strumenti per affrontarla da solo, rivolgetegli la stessa domanda con gentilezza.

Date all'altra persona l'opportunità di prendere decisioni ed essere leader, in base alle proprie *stand*.

―― **Capitolo 4** ――

Fare breccia nel rumore

Vivere nel nostro mondo complesso aumenta in modo considerevole le sfide in cui ci imbattiamo quando scegliamo di essere leader. Per citarne solo qualcuna, potremmo trovarci di fronte a informazioni insufficienti, a un sovraccarico di informazioni, a prospettive contrastanti, a vincoli, a incertezze, dubbi e paure. E questo prima ancora di iniziare a prendere in considerazione il modo in cui le persone delle quali stiamo cercando di essere leader vedono una situazione, e come tale percezione influenza il loro agire.

Tutte queste sfide ci si presentano ovunque andiamo. Che sia nella gestione quotidiana di una grande organizzazione globale, o quando cerchiamo di essere un ottimo genitore o, addirittura, semplicemente quando siamo leader di noi stessi, ovunque ci siano esseri umani, avremo a che fare con la complessità.

Inevitabilmente, può esserci molto di quello che io chiamo **rumore**, che può rallentare i nostri progressi. Il rumore è ciò su cui non abbiamo alcun controllo o che distrae da ciò su cui dovremmo concentrarci, cioè quelle cose che importano davvero. Ciò che vogliamo individuare è il segnale – il messaggio, la visione, la missione o la causa – con cui tutte le persone del nostro team possono relazionarsi e agire di conseguenza. È un po' come sintonizzare un vecchio apparecchio radiofonico, cercando di eliminare il crepitio in modo da poter sentire chiaramente la stazione radio che desideriamo.

Dobbiamo sintonizzarci tutti sullo stesso canale o, come si dice, essere sulla stessa lunghezza d'onda.

Fare breccia nel rumore per trovare il segnale significa trovare la strada nella complessità per scoprire la semplicità di ciò che conta davvero. Come diceva Leonardo da Vinci: "La semplicità è la più grande sofisticazione". Trovare la semplicità non è necessariamente semplice. Ma è compito di un leader. Per fortuna, quando attingiamo energia dalle nostre *stand* – quelle cose che sono davvero importanti per noi – queste ci guidano a trovare il segnale trasformandolo nel messaggio chiaro che tutti possono sentire.

AL CENTRO DELLA CIAMBELLA

Il 17 marzo 2003, nel caldo massacrante del deserto dell'Arabia Saudita, fu uno di quei giorni in cui era assolutamente fondamentale trovare il segnale che tutti potessero sentire.

Ero il *force commander* per il gruppo di rifornimento in volo della RAF presso la base aerea Prince Sultan, che si trova nel deserto a circa 160 chilometri a sud-est della capitale dell'Arabia Saudita, Riyadh. Questo significava che dovevo essere leader di una squadra scelta da due *flight squadron*, composta da equipaggio e velivoli, insieme a un grande contingente di tecnici e ingegneri il cui compito era mantenere funzionanti i nostri aerei Vickers VC10 vecchi di quarant'anni. Facevamo tutti parte della coalizione internazionale guidata dagli Stati Uniti, che era stata creata per spodestare Saddam Hussein dal potere in Iraq. Quella che seguì sarebbe diventata nota come Guerra in Iraq, Seconda Guerra del Golfo.

Il Vickers VC10 che stavamo pilotando era nato negli anni '60 come grande aereo passeggeri. Adatto a volare su lunghe distanze, era stato convertito per fungere da "stazione di rifornimento in aria", in grado di estrarre tubi dalle ali per rifornire di carburante gli aerei da combattimento mentre erano in volo. Da un punto di vista militare, questa era una funzione vitale: gli aerei da combattimento in genere hanno una autonomia molto limitata, e la possibilità di fare rifornimento senza atterrare significava che potevano trascorrere molto più tempo in aria a svolgere il proprio compito. Gli aerei hanno anche un peso massimo al decollo, composto da carburante e carico utile. Essere in grado di fare rifornimento durante il volo significava che gli aerei da combattimento potevano decollare con meno carburante e più armi, per poi incontrarsi successivamente in aria con i Vickers VC10 per il rifornimento necessario per completare le loro missioni.

Quanto a noi, nei Vickers VC10 trasportavamo solo carburante. Non avevamo armi o sistemi di autodifesa, e facevamo affidamento su un'attenta pianificazione, sulla protezione degli aerei da combattimento, e su un certo grado di fortuna per evitare di essere abbattuti.

Tre settimane prima il mio team di circa centottanta persone ed io avevamo raggiunto la postazione e avevamo impiegato il tempo a prepararci per quella che sembrava sempre più una guerra inevitabile. Le mie persone erano addestrate e tutti sapevano cosa dovevano fare. Ma io dovetti affrontare una sfida importante causata da eventi al di fuori del mio controllo.

Mentre ci preparavamo alla guerra, migliaia di persone manifestavano in tutto il mondo contro il conflitto imminente. Grandi folle si radunarono a Londra, New York, Parigi e in molte altre città, per esprimere il loro dissenso verso l'azione militare. Molti titoli della stampa britannica rispecchiavano questo sentimento, mentre il Consiglio di Sicurezza delle Nazioni Unite sollevava dubbi sulla legalità di ciò che proponevano il Presidente Bush e il Primo Ministro Blair. Probabilmente anche alcuni di noi in uniforme nutrivano dei dubbi, ma se fai parte dell'esercito non hai scelta sul tuo coinvolgimento. Fai il tuo dovere.

Alla base aerea avevamo accesso alle notizie tramite la televisione satellitare, quindi era inevitabile che il mio team seguisse ogni sviluppo nel suo divenire. L'ultimo aggiornamento riferiva che il ministro del governo britannico, Robin Cook, si era dimesso dal suo ruolo per protesta contro l'azione militare che il primo ministro sembrava pronto a ordinare.

Per i militari che stanno per rischiare la vita, è molto preoccupante percepire che l'opinione pubblica non sta dalla tua parte o che il governo a cui rispondi è spaccato. Quando ero un giovane ufficiale coinvolto nella Guerra del Golfo del 1991, la situazione sembrava molto più nitida: l'Iraq aveva invaso il

Kuwait, e noi facevamo parte della coalizione internazionale riunita per liberare il paese dalle forze irachene. Ora, nel 2003, la situazione era molto meno chiara. C'era molto rumore che poteva indebolire le mie persone e distrarle dal loro lavoro. Ed è in questi casi che le vite possono essere messe ancora più a rischio. Dovevo trovare il segnale – il messaggio semplice – che potesse fare breccia nella complessità e dare a tutti noi un punto focale a cui prestare attenzione.

La mattina del 17 marzo avevamo programmato di fare una foto per immortalare tutti i membri del distaccamento: i membri di equipaggio, gli ingegneri e il personale di supporto. Sotto il sole rovente del deserto, ci sistemammo in modo relativamente gradevole davanti a uno dei nostri aerei, con il fotografo appollaiato in maniera abbastanza precaria in cima ad una scala. Dopo la foto, sapevo che era il momento di dire qualcosa. Era probabile che saremmo stati in mezzo alla battaglia nel giro di pochi giorni, ed ero del tutto consapevole che qualcuno di loro avrebbe potuto non sopravvivere. Dovevo trovare parole che potessero dar loro una direzione o un incoraggiamento. Ma non mi ero mai trovato in questa situazione.

Senza avere preparato un gran discorso, li raccolsi comunque tutti in cerchio, a formare una ciambella intorno a me che stavo al centro. Feci una pausa di silenzio, mentre mi giravo lentamente, a guardare negli occhi ognuno di loro. Poi seguii il mio istinto e iniziai a parlare.

Per prima cosa mi rivolsi ai miei ingegneri manutentori. Dissi che il loro compito era mantenere quei vecchi aerei in funzione e pronti per ogni missione in modo che l'equipaggio potesse svolgere il proprio lavoro. Mi rivolsi al team di equipaggio e supporto, dicendo che il loro compito era svolgere ogni missione che ci veniva affidata, rifornendo ogni aereo da caccia che aveva bisogno di noi. In modo pratico, gli ricordai: "Se non riforniamo questi aerei, le nostre truppe a terra non riceveranno la copertura aerea di cui hanno bisogno. E se non avranno copertura aerea, le nostre truppe a terra moriranno".

In quel momento si sintonizzarono tutti quanti. Il volume del rumore era stato abbassato – in senso letterale e figurato – consentendo al segnale di arrivare forte e chiaro. Avreste potuto sentire uno spillo cadere mentre arrivava a segno l'importanza di ciò che ognuno di noi doveva fare.

Avevo creato la semplicità catturando a livello umano il motivo per cui dovevamo fare il nostro lavoro: proteggere quelle truppe britanniche, americane e australiane che non avevamo mai incontrato, e che tuttavia dipendevano dal fatto che noi facessimo la nostra parte per proteggerli. Più tardi scrissi del mio discorso improvvisato nel mio diario personale, ricordando: "Ho detto alcune parole che probabilmente non sono state tanto di grande ispirazione". Tuttavia, la mia squadra sembrava essere diventata ancora più lanciata e concentrata. Con quelle parole ero riuscito a fare breccia in tutto il rumore di ciò che stava accadendo a livello politico e mediatico, mettendo a tacere anche i pettegolezzi di squadra e le conversazioni taciute.

Anche se in quel momento forse non me ne resi conto, avevo parlato spinto dalla mia *stand* di sostenere chi aveva bisogno di aiuto, e forse avevo anche aiutato altri a sintonizzarsi su questa causa unificante. A quanto pare, probabilmente avevo raggiunto qualcosa che era davvero importante per tutti quelli intorno a me.

Ora, ovviamente, bisognava ancora gestire la complessità più ampia: procedure di volo complicate, pezzi di ricambio e attrezzature insufficienti per gli aerei, la minaccia di essere abbattuti, e la preparazione per reagire a possibili attacchi aerei sulla nostra base con armi biologiche o chimiche. Ma tutto questo era diventato più facile perché ognuno aveva stabilito un legame personale con ciò che eravamo chiamati a fare.

In numerose occasioni, la leadership venne fuori a ogni livello. Vidi i tecnici riparare gli aerei all'aperto durante le tempeste di sabbia, determinati a tenerli pronti per il volo. Almeno una volta vidi un ingegnere coriaceo ed esperto quasi in lacrime mentre lottava insieme agli altri per effettuare una riparazione in tempo: nessuno voleva essere la persona che piantava in asso la squadra. In un'altra occasione, dopo aver completato la missione di rifornimento, un equipaggio dovette dirottare il volo verso una base aerea militare segreta che non esisteva su nessuna carta, e all'atterraggio scoprirono che il loro aereo era stato danneggiato dai colpi di arma da fuoco nemici. In qualche maniera riuscirono a risolvere la situazione, grazie a delle riparazioni temporanee, e ripartirono la mattina seguente per un'altra missione di rifornimento.

Forse il momento più esemplificativo fu quando dovetti decidere quale dei miei equipaggi di volo sarebbe stato il primo a scambiarsi con un nuovo equipaggio in arrivo dal Regno Unito. Nessuno voleva andarsene. Nessuno voleva essere il primo a lasciare la nostra base nel deserto finché l'operazione non si fosse compiuta.

Nei successivi quattro mesi e mezzo di dispiegamento, ci furono assegnate quattrocentosettantanove missioni. Portammo a termine quattrocentosettantanove missioni. La cosa più importante per me: alla fine dell'operazione, tutti i membri del mio team tornarono a casa sani e salvi.

L'IMMAGINE SULLA SCATOLA

In una situazione complessa di leadership – e la maggior parte delle situazioni di leadership sono complesse perché hanno a che fare con le persone – è essenziale sapere dove stiamo andando. Questa è forse un'affermazione assolutamente ovvia, ma nella mia esperienza è qualcosa che viene spesso dimenticata. O, per lo meno, è data per scontata come qualcosa di cui sono a conoscenza tutti i soggetti coinvolti. Mi piace pensare a qualsiasi situazione di leadership come a un puzzle, in cui i pezzi del puzzle sono i singoli membri del team, i loro ruoli e tutti gli elementi dei compiti coinvolti nel progetto. Proprio come in un puzzle, senza una chiara **immagine sulla scatola**, è molto difficile che i pezzi vengano uniti in modo significativo ed efficace.

Nel ruolo di leader, spetta anche a noi definire questa immagine. Come nel caso del discorso che feci al mio team dopo lo scatto della foto nel deserto, l'immagine deve essere semplice, chiara e quanto più vivida possibile, in modo che tutti possano intenderla, indipendentemente dal loro ruolo o dalla loro posizione. L'immagine deve avere senso per ogni persona coinvolta in modo che tutti abbiano l'opportunità di darle un significato personale vedendo come possono fare la propria parte. Quando i leader danno questa chiarezza, i membri del loro team possono iniziare a capire da soli come possono contribuire per costruire quell'immagine – per creare quel risultato. Quando l'immagine è sufficientemente chiara, può ispirare anche coloro che sono al di fuori del nostro team più ristretto, portandoli a sostenere ciò che stiamo cercando di realizzare.

UN'IMMAGINE CHIARA CREA SLANCIO

Malala Yousafzai aveva solo quindici anni quando venne colpita dai talebani mentre tornava a casa da scuola nella valle dello Swat, nel nord-ovest del Pakistan. Già a quell'età, Malala era conosciuta come attivista, per il suo impegno affinché tutte le ragazze ricevessero un'istruzione – cosa che nel suo paese non era scontata, come non lo è in molti altri paesi nel mondo. Il suo attivismo andava contro le convinzioni dell'organizzazione talebana e portò al loro tentativo di assassinarla nell'ottobre 2012.

Sorprendentemente, Malala sopravvisse. In più, l'esperienza rafforzò la sua determinazione. Nel giorno del suo sedicesimo compleanno, appena nove mesi dopo l'attentato, parlò alle Nazioni Unite a New York. In parole semplici, dipinse la sua immagine avvincente quando disse: "Un bambino, un insegnante, un libro e una penna possono cambiare il mondo". Questo diventò il suo grido di battaglia per un movimento a sostegno di dodici anni di istruzione gratuita e sicura per ogni ragazza nel mondo, indipendentemente dal suo ambiente. Nel 2014, in collaborazione con suo padre, creò il Malala Fund, la cui missione è di dare risultati basati su quell'immagine del futuro. Da allora Malala ha attratto il sostegno di individui, aziende e fondazioni in tutto il mondo ed è stata in grado di investire oltre ventidue milioni di dollari per aiutare ogni ragazza ad avere l'opportunità di istruirsi e diventare leader.

Quando scegliamo una *stand* legata a qualcosa che è veramente importante per noi e la usiamo per definire un'immagine chiara del futuro che vogliamo creare, si apre la possibilità anche ad altre persone che condividono quel sentimento di unirsi a noi. Quando ciò accade, lo slancio aumenta man mano che altri apportano energia, innovazione e spinta, mentre anche loro iniziano a farsi avanti e a essere leader.

Sebbene sia importante avere un'immagine chiara del risultato o del futuro che vogliamo creare, essa non basta da sola, in particolare se tale risultato comporta avventurarsi nell'ignoto, da una qualche parte che va oltre la nostra esperienza. Dobbiamo abbracciare un totale cambiamento di mentalità.

IN PIEDI SULLA VETTA

Mi piace moltissimo correre. In particolare amo correre nelle zone selvagge, attraversare colline e montagne – sulle spalle soltanto uno zaino con un kit di prime necessità. Durante il servizio militare completai diversi corsi di sopravvivenza in zone sperdute del mondo. C'è un meraviglioso senso di libertà che deriva dal sapere come prendersi cura di sé nella natura incontaminata. Riflettendoci, mi rendo conto che questo si accorda bene con la mia *stand* per fare affidamento solo su me stesso.

Alcuni anni fa decisi che avrei completato una corsa in solitaria sulle tre montagne più alte di Inghilterra, Scozia e Galles.

Avevo già scalato la montagna gallese Snowdon a corsa, ma le altre due vette – Scafell Pike e Ben Nevis – sarebbero state un'esperienza nuova. Per rendere la faccenda più interessante, avrei provato a salire e poi scendere, sempre correndo, tutte e tre le vette in un unico periodo di ventiquattro ore. Avrei avuto un collega fidato: Graeme, che aveva prestato servizio con me durante la guerra in Iraq. Egli mi avrebbe accompagnato in macchina lungo la considerevole distanza fra le tre montagne. È importante sottolineare che Graeme sarebbe stato il mio addetto alla sicurezza, assicurandosi che iniziassi e terminassi ogni tratto di corsa. Si sarebbe anche preoccupato di farmi trovare pronto del cibo caldo da mangiare mentre andavamo verso la destinazione successiva.

Dato che sarebbe stata una bella sfida, pensai che sarebbe valsa la pena usare l'occasione per fare una raccolta fondi per beneficenza. Scelsi due associazioni di beneficenza: una a sostegno delle cure contro il cancro, l'altra per la ricerca sull'Alzheimer. Ognuna di queste malattie aveva colpito uno dei miei genitori durante i loro ultimi anni di vita, quindi sostenere queste associazioni aggiungeva alla mia sfida un significato più profondo, portandola oltre la semplice impresa fisica personale.

Il giorno stabilito raggiunsi l'obbiettivo che mi ero prefissato, facendomi strada tra bufere di neve e tempeste, e completando la corsa entro il limite di tempo. Raccolsi anche diverse migliaia di sterline per le due associazioni.

Sebbene tutto ciò fosse molto soddisfacente a livello personale, racconto questa storia adesso perché mi aiuta a spiegare il modo in cui possiamo scegliere di pensare e essere leader quando affrontiamo qualcosa che non abbiamo mai fatto prima. Si tratta di sfruttare l'energia che è a nostra disposizione quando ci connettiamo allo stato emotivo futuro di quando avremo raggiunto l'obbiettivo che ci siamo prefissati, anziché lasciare che i dubbi o i limiti del nostro passato ci trattengano. È ciò che chiamo **stare in vetta alla montagna**.

Ecco come funziona.

Prima di iniziare ogni corsa, mi formavo un'immagine mentale di come sarebbe stato essere sulla vetta della montagna. Ne immaginavo i profili e tutto quello che avrei visto da quell'altezza mentre l'orizzonte si estendeva davanti a me. È importante sottolineare che facevo un passo ulteriore: mi connettevo *emotivamente* con la *sensazione* che avrei provato in vetta a quella montagna. Questo elemento emotivo è fondamentale. Immaginavo la brezza fredda che mi pungeva la pelle, la freschezza dell'aria nei polmoni e il sollievo nelle gambe dopo lo sforzo. Mi connettevo alla sensazione esaltante di avere raggiunto la vetta, mentre il cocktail di endorfine e altre sostanze chimiche mi attraversava il corpo come un'onda. Mi immaginavo come sarebbe stato guardarmi indietro, giù per la montagna, e vedere il sentiero percorso, e mi immaginavo la soddisfazione di avercela fatta. Pensavo a come mi sarei sentito mentre chiamavo Graeme alla radio per fargli sapere che avevo raggiunto la vetta sano e salvo. Infine, immaginavo l'appagamento di aver raggiunto l'obiettivo, poter tornare a casa, raccogliere i soldi della sponsorizzazione e donarli alle associazioni di beneficenza.

Nel momento in cui iniziai a correre, nella mia mente avevo già raggiunto la vetta.

Questo atteggiamento mentale è molto diverso – completamente un altro mondo – rispetto a quello in cui ci troviamo quando siamo ai piedi della montagna a valutare l'arduo compito che ci aspetta, dicendoci che ce la metteremo tutta. Quando siamo in basso, all'inizio, quello che possiamo vedere sono gli ostacoli e il sentiero tortuosamente ripido. Allora si insinua inevitabilmente il dubbio, soprattutto se prima di allora non abbiamo mai compiuto questa impresa.

Se volete salire una montagna a corsa, iniziate dalla vetta.

Questo è esattamente il modo in cui dobbiamo essere leader quando ci ritroviamo in territorio ignoto o contempliamo un compito straordinario che non abbiamo mai intrapreso prima. Si applica se stiamo letteralmente salendo a corsa una montagna, se siamo leader in un'azione di guerra, se stiamo avviando una nuova azienda, se stiamo cercando di raggiungere l'obiettivo di un progetto, o quando siamo genitori eccezionali. Iniziare dalla vetta della montagna non è questione di arroganza. Si tratta di sfruttare la riserva di energia che abbiamo dentro di noi per prevalere anche quando, come disse Musk, le probabilità non sono a nostro favore. Si tratta di essere leader *prendendosene l'impegno*.

PRENDERSI UN IMPEGNO

Quando ci prendiamo un **impegno**, scegliamo di creare un legame incrollabile *con noi stessi*. È la scelta di ritenerci responsabili di portare risultati.

Creare un legame con noi stessi va oltre, ad esempio, la firma di qualsiasi contratto scritto. Questo perché senza quella solenne promessa che abbiamo fatto a noi stessi, non appena le cose diventeranno difficili, probabilmente cercheremo un modo per aggirare il contratto scritto. Quando ci prendiamo un impegno con noi stessi, affermiamo che lo porteremo a termine raggiungendo il risultato, anche se ciò significa fare sacrifici lungo il percorso. L'energia e la spinta per un impegno, di nuovo, derivano da una *stand* – qualcosa che per noi è davvero importante. Spesso parliamo di impegni quando in realtà si tratta solo di priorità: cose che faremo finché non arriverà qualcos'altro che riteniamo più importante. Le priorità vanno bene, ma non ci porteranno sulla vetta della nostra montagna.

Tuttavia, neanche esserci presi un impegno e tenercelo per noi stessi è sufficiente. Dobbiamo anche *dichiararlo*. In altre parole, dobbiamo condividere il nostro impegno raccontandolo agli altri. L'atto di condivisione verbale aggiunge peso alla promessa che abbiamo fatto. Dà anche ad altre persone l'opportunità di sostenerci e di richiamarci se vacilliamo!

Prendiamo l'esempio di due persone che, individualmente, si pongono per l'anno nuovo il proposito di smettere di fumare.

La prima persona lo fa perché, beh, pensa semplicemente che ci dovrebbe provare. Dopotutto, si dice, è un proposito che si pongono in tanti all'inizio dell'anno, e ha visto le campagne contro il fumo in televisione. Si tiene la risoluzione per sé, senza parlarne con nessuno.

La seconda sceglie di impegnarsi a smettere di fumare perché vuole poter scorrazzare di più con i suoi figli – una cosa con cui ha avuto alcune difficoltà ultimamente. Vuole anche poter essere presente per loro più avanti nella vita. Il proposito si basa sulla sua *stand* di essere una buona madre. Nel porsi il proposito, la seconda persona si connette emotivamente con ciò che il proposito le fa vedere e le fa provare. Racconta agli amici, alla famiglia e ai colleghi di lavoro dell'impegno che si è presa, e del perché, chiedendo loro di darle una mano e rimetterla in riga se qualcosa che dice o fa non è in sintonia con quell'impegno.

Quale persona ha maggiori probabilità di smettere di fumare? Io scommetterei sulla seconda persona tutta la vita.

L'impegno che Malala prese con se stessa quando istituì il fondo è basato sulla sua *stand* a favore dell'istruzione femminile. Malala creò l'immagine di come sarebbe stato quel futuro. Il fondo è la sua dichiarazione pubblica di dare vita a quel futuro.

L'impegno preso da Elon Musk per colonizzare Marte è dichiarato attraverso la sua azienda SpaceX. Si basa sulla *stand* dell'importanza della sostenibilità della razza umana.

L'impegno che molti di noi dichiarano quando scegliamo di diventare genitori, dimostrato attraverso i compromessi personali che facciamo come l'esempio di smettere di fumare, è quello di dare ai nostri figli le migliori opportunità possibili nella vita senza aspettarci nulla in cambio.

Nel mio caso, mi ero impegnato a salire a corsa quelle tre vette. La mia *stand* di fare affidamento solo su me stesso ebbe sicuramente un ruolo importante. Ma la vera fonte di energia proveniva dalla mia *stand* di voler aiutare gli altri, dal legame con i miei genitori che non c'erano più, e dal non voler deludere gli altri. Chiedere alle persone di sponsorizzarmi fu la dichiarazione pubblica del mio impegno. Nonostante le condizioni pericolose, dalla bufera di neve in cima al Ben Nevis alle tempeste in cima a Scafell Pike e Snowdon, l'idea di non portare in fondo la sfida non mi passò mai per la testa.

IMPEGNO CONDIVISO

Quando dichiariamo l'impegno a realizzare qualcosa sulla base di ciò che è profondamente importante per noi, creiamo uno spazio in cui gli altri hanno l'opportunità di unirsi a noi in tale impegno. Quando riescono a vedere chiaramente ciò che stiamo cercando di ottenere collettivamente, anche altre persone, indipendentemente dal loro livello, iniziano a essere leader. Quando, inevitabilmente, incontreremo degli ostacoli lungo il percorso, la nostra vista dalla vetta della montagna ci darà l'atteggiamento mentale di cui abbiamo bisogno per andare avanti e trovare la nostra strada.

Tuttavia, anche quando abbracciamo tutto questo, a un certo punto ci sarà qualcosa in agguato nell'ombra.

La paura.

Ed è ciò che vedremo nel prossimo capitolo.

CONSIDERATE QUESTO

Riuscire a fare breccia nel rumore di fondo per mettere a fuoco ciò che è davvero importante per noi – come individui e per il nostro team – porta chiarezza. Funziona anche da base per creare un'immagine irresistibile di dove ci stiamo impegnando ad andare: la vetta della nostra montagna. Diventa il catalizzatore di un'azione coordinata.

- **IMPARARE A VOLARE**

    Considerate questo: qual è l'impegno che muove la vostra vita?

    Allenatevi a dipingere l'immagine di come sarà quando ci arriverete, connettendovi visceralmente con quella sensazione e condividendo l'immagine con altri.

    La prossima volta che lavorate con altre persone e qualcosa vi sembra poco chiaro, non abbiate paura di fare presente il vostro dubbio: se la domanda ce l'avete voi, probabilmente ce l'ha anche qualcun altro. Chiedete di dipingere un'immagine più nitida possibile in modo che tutti possano essere sulla stessa lunghezza d'onda.

- **VOLARE**

    Considerate questo: la coerenza fra parole e azioni crea integrità e carattere.

    Se fate parte di un team impegnato a realizzare insieme un progetto o a raggiungere un risultato, prendetevi il tempo per costruire una comprensione condivisa dell'aspetto che avrà quel risultato e di che sensazioni darà, e su perché è importante a livello personale per ogni membro del team. Più l'immagine sarà chiara, maggiore sarà lo slancio che creerete per raggiungerla.

- **INSEGNARE AGLI ALTRI A VOLARE**

    Considerate questo: mentre siete leader del vostro team, cogliete l'opportunità di creare una connessione tra le azioni che state intraprendendo come squadra e il modo in cui queste si collegano all'impegno condiviso che avete, cioè all'immagine sulla scatola.

    Cercate le occasioni per riconoscere il modo in cui ogni membro del team, che sia in prima linea o in qualità di supporto, contribuisce all'impegno condiviso. Ciò creerà un'opportunità per ognuno di impegnarsi nelle proprie singole parti in modo più significativo.

- **PRATICARE LA JUMPSEAT LEADERSHIP**

    Considerate questo: la prossima volta che i membri del vostro team si trovano ad affrontare un ostacolo o una sfida, chiedete loro come vogliono gestirla.

    Incoraggiateli a vedere la cosa dalla vetta della montagna, anziché dalla vista potenzialmente scoraggiante dal basso.

    Sostenete i membri del team nel loro impegno per riuscire, anche quando stanno entrando in territorio ignoto.

    Celebrate e riconoscete coloro che innovano, e mostrate creatività nel dare vita a questo impegno.

Capitolo 5

La paura in agguato

La PRATICA DELLA Jumpseat Leadership trae la sua forza dagli impegni che scegliamo di assumerci. Per loro natura, gli impegni che ci prendiamo rappresentano qualcosa a cui teniamo profondamente. Non sarà sempre facile rispettarli, soprattutto quando ci troviamo di fronte a priorità contrastanti o a bisogni a breve termine. Questo è il momento in cui si risveglia la **paura**.

La paura è una forza potente. È anche importante: la paura può aiutarci a mantenerci in vita. La paura innesca la reazione di paralisi (detta anche congelamento), fuga o attacco, che era vitale per tenerci al sicuro dagli animali selvatici o da altri pericoli quando eravamo tutti cacciatori-raccoglitori migliaia di anni fa. Per fortuna, al giorno d'oggi la stragrande maggioranza di noi non si vede minacciata la vita frequentemente. Tuttavia, ci sono ancora momenti in cui la paura ci attanaglia, come quando sentiamo che una persona cara ha avuto un incidente o che un figlio vuole guidare una moto di grossa cilindrata.

Nel nostro mondo moderno, la paura può essere innescata quando sentiamo che è in pericolo il nostro *sostentamento*.

Se il nostro lavoro, la nostra attività o il nostro modo di vivere vengono messi a rischio, la paura può attivare la stessa reazione di paralisi, fuga o attacco che provavano i nostri antenati quando sentivano un fruscio nell'erba alta. Se scopriamo all'improvviso di non avere più un lavoro, o se un concorrente ci ha portato via clienti dalla linea di prodotti di punta, o se l'aperta campagna vicino a casa nostra sta per essere trasformata in una zona di grattacieli – queste situazioni faranno sì che si risvegli la paura. O forse siamo entrati in territorio ignoto e mancano diversi mesi al lancio di una nuova attività, quando all'improvviso si insinuano i dubbi. Sentiamo un'onda di paura nella pancia mentre ci chiediamo se abbiamo fatto la scelta giusta, o nel momento in cui temiamo di non essere all'altezza del compito. Quando SpaceX perse il suo terzo razzo consecutivo, Musk sapeva che il lancio successivo doveva andare bene, altrimenti sarebbe stato, come disse lui, "assolutamente game over". Era in agguato la paura.

Anche se la nostra reazione in ciascuna di queste situazioni sarà probabilmente meno fisica rispetto a quando è la nostra vita ad essere in pericolo, è comunque molto tangibile. Potremmo sentirci paralizzati dallo shock, voler scappare dalla situazione o reagire prendendo posizione contro qualunque cosa ci stia minacciando. Abbiamo paura di perdere i mezzi di sostentamento che significano così tanto per noi e vogliamo disperatamente mantenere ciò che abbiamo creato.

La nostra paura può essere altrettanto tangibile e persino più immediata quando sentiamo che vengono compromessi il nostro *status* o la nostra *reputazione*. Forse siamo stati ignorati per quella promozione che meritiamo così tanto. Oppure ci sentiamo rappresentati nel modo sbagliato dalla stampa, sui social media o nei pettegolezzi quotidiani sul posto di lavoro. O forse è stato assunto qualcuno nell'azienda in cui lavoriamo, e sembra essere molto migliore di noi in tutto. Oppure l'innesco potrebbe essere dato da qualcosa di semplice come quando, durante l'ora di punta mattutina, mentre siamo in coda nel traffico, un altro conducente si infila davanti a noi. Tutte queste situazioni ci inducono a reagire, poiché sentiamo che vengono messi in discussione o sminuiti il nostro *status* o la nostra *reputazione* all'interno della dura lotta della gerarchia umana. Quella reazione è guidata dalla paura, proprio come la paura che provai mentre stavo andando a tenere il mio discorso alla RAF.

Sfortunatamente, a prescindere dal fatto che la minaccia che fa emergere il nostro istinto di sopravvivenza sia alla nostra vita, al nostro sostentamento, al nostro status o alla nostra reputazione, la paura non è sempre la reazione più utile. Può offuscare il giudizio, darci una visione ristretta o farci scattare all'attacco in modo inappropriato. È successo a ognuno di noi. È umano.

Nella sua forma più pura, quando permettiamo alla paura di guidarci, questo avviene per autoconservazione. Ma la paura assume anche altre forme, tra cui ego, insicurezza, autocommiserazione, timidezza, demotivazione, rabbia o arroganza. Accade anche che cerchiamo di proteggerci chiudendoci agli altri e nascondendo i nostri sentimenti. Qualunque sia la forma che assume, la paura si concentra sul principio di *se stessi per primi*. La paura è associata a un mondo definito dalla mancanza e dalle posizioni, mentre lottiamo contro la minaccia. È il mondo del vincere o perdere. Dopotutto, il nostro istinto ci dice che, a meno che non sopravviviamo come individui, non ci sarà futuro.

ESISTE UN'ALTERNATIVA

Fortunatamente, c'è un'altra forza altrettanto potente che possiamo incanalare. È una forza che fa sì che ci spinga un'umile autostima. Invece di mancanza, vediamo possibilità e abbondanza. Questa forza può anche manifestarsi come speranza, rispetto reciproco, umiltà, compassione, cortesia o adeguata vulnerabilità. Qualunque sia la forma che assume, questa forza è focalizzata verso l'*esterno* piuttosto che verso l'*interno* – sugli *altri* prima di tutto, anziché su se stessi. Invece di prendere posizione contro qualcosa, ci schieriamo per una *stand* a favore di ciò che importa davvero. Ci prendiamo un impegno.

Questa forza è l'**amore**.

Dunque, sono consapevole che, usando la parola "amore", potrei rischiare di perdere qualcuno di voi lettori. La vostra reazione immediata potrebbe essere quella di chiedervi in che modo l'amore possa svolgere un ruolo nelle difficili situazioni di leadership o nella vita lavorativa quotidiana.

Ma aspettate un attimo.

Le parole che usai per parlare alle mie persone prima delle operazioni di combattimento nella guerra in Iraq nascevano dall'amore, non dalla paura. Parlai della necessità di fare il nostro lavoro per proteggere la vita di coloro che dipendevano da noi. Le nostre azioni sarebbero state a beneficio di altri. Allo stesso modo, la mia capacità di starmene seduto con calma sul jumpseat, mentre Calum lottava con i comandi, veniva dall'amore, non dalla paura. Avevo assoluta fiducia nella sua capacità di fare ciò che andava fatto. Tutto ciò di cui avevo bisogno era l'umiltà di non interferire, affinché lui potesse fare il suo lavoro.

È impossibile adoperarsi per diventare un Jumpseat Leader, concentrarsi su elevare gli altri, se ci lasciamo guidare dalla paura. Per prima cosa, il nostro ego si metterebbe in mezzo se temessimo il successo degli altri. Sarebbe come giocare a calcio con i nostri figli e voler essere sempre noi a segnare in porta.

Essere guidati dalla paura limita i risultati che possiamo raggiungere. La paura frena. Nel nostro mondo di mancanza, ci concentriamo sulla protezione di ciò che abbiamo, anziché vedere le possibilità e ciò che potrebbe essere. Quando affrontiamo una sfida o siamo leader verso territori ignoti, la paura non ci permetterà mai di raggiungere la vetta di quella montagna. Saremo invece accecati da tutti gli ostacoli lungo il cammino. Come disse Cartesio: "Non descriviamo il mondo che vediamo, vediamo il mondo che possiamo descrivere". In altre parole, se scegliamo di vedere il mondo come un luogo di mancanza e disperazione, quella sarà la nostra esperienza. Se, invece, scegliamo di vedere il mondo come un luogo di possibilità e speranza, allora sarà quella la nostra esperienza.

La paura chiude. L'amore apre. Raccogliamo ciò che coltiviamo.

Così come la luce con l'oscurità, la paura ha ancora un ruolo importante nella relazione amore-paura. La paura è il catalizzatore del coraggio. Senza paura, il coraggio non può esistere. Il coraggio non è assenza di paura. In questo contesto, il coraggio consiste nel riconoscere la paura come segnale d'allarme e quindi scegliere di lasciarsi guidare dall'amore per qualcosa piuttosto che dalla paura di qualcosa. Quando facciamo questo salto, l'amore sostiene il nostro coraggio e ci dà l'energia per continuare anche contro ogni previsione.

CONTRO OGNI PREVISIONE

La mattina del 7 febbraio 2007, Kath Doran, amministratore delegato della Spectrum Plastics, ricevette una notizia che suscitò un'ondata di paura tra i dipendenti dell'azienda. L'attività della Spectrum, che aveva sede a Stockport, in Inghilterra, era apparentemente semplice: stampare e poi plastificare ogni tipo di carta o cartoncino. È qualcosa che tendiamo a dare per scontato: menu dei bar, tessere associative, poster, qualsiasi cosa stampata che debba essere resistente alle intemperie, lavabile o igienica. La chiamata che Kath Doran ricevette quella mattina proveniva dal cliente più importante della Spectrum, un negozio britannico al dettaglio che vende mediante catalogo. Senza alcun preavviso, avevano deciso di rescindere il contratto con la Spectrum e di ingaggiare un altro fornitore. Questo lavoro, del valore di 2,7 milioni di sterline, rappresentava circa il 70% delle entrate annuali della Spectrum, e perderlo avrebbe potuto facilmente farli chiudere. In ogni caso, era una notizia catastrofica.

Dopo essere entrata appena ventunenne nella Spectrum nel 1988, Kath era diventata amministratore delegato nel 2004 e da allora aveva guidato l'azienda attraverso alti e bassi. La storia dell'azienda era iniziata nel 1922, e adesso Kath si trovava ad affrontare una sfida che ne minacciava la sopravvivenza. Ma l'idea di arrendersi non le passò mai per la testa. Tuttavia, fu l'approccio che scelse di adottare che fu fondamentale per il risultato. Si rese conto che poteva scegliere di lasciarsi guidare dalla paura che stava crescendo dentro di lei, guardando verso l'interno e adottando misure di protezione. Oppure poteva trovare il coraggio di lasciarsi guidare dall'amore, guardando verso l'esterno e prendendosi cura del suo team.

Agire in base alla paura avrebbe probabilmente portato Kath a fare tagli drastici, forse anche a minacciare i suoi dipendenti, dicendo loro che dovevano trovare altri modi per raggiungere i loro obiettivi altrimenti lei avrebbe staccato la spina. Sarebbe stato del tutto comprensibile dal punto di vista aziendale, e facile da razionalizzare. Pochi altri direttori d'azienda l'avrebbero criticata. Queste azioni avrebbero anche protetto il sostentamento e lo status di Kath. Anche se questo approccio avrebbe potuto mantenere a galla l'azienda nel breve termine, avrebbe devastato la fiducia, il morale e l'impegno del suo team. Adottare queste misure basate sulla paura poteva essere la scelta più semplice, ma Kath non aveva intenzione di fare niente del genere. Scelse l'altra strada, quella basata sull'amore. Questo è quasi sempre un percorso più difficile da seguire, poiché spesso richiede sacrificio e un maggiore investimento emotivo, il tutto a beneficio degli altri. Ma il risultato è quasi sempre più gratificante. La paura ci fa fare un passo indietro; l'amore ci fa fare un passo avanti.

Kath sentiva un profondo senso di responsabilità per il sostentamento di tutte le persone della sua squadra. Molti di loro avevano mutui da pagare e famiglie da mantenere. Non poteva deluderli. Voleva anche assicurarsi che la Spectrum potesse continuare a lavorare in futuro, anche quando lei non fosse stata più al timone. Questo era l'impegno che si era presa; non importava quanto sarebbe stato difficile.

La Spectrum aveva prudentemente accumulato delle riserve di liquidità, quindi Kath annunciò che la società le avrebbe utilizzate per pagare tutti finché la situazione non fosse stata risolta. "Ce la faremo", disse al suo team che era in preda all'ansia. Fece un ulteriore passo avanti e dichiarò anche che avrebbero preso quel temporaneo calo di lavoro come opportunità per capire come avrebbero potuto fare meglio le cose. Le parole di Kath placarono immediatamente la paura nei suoi dipendenti, aprendo contemporaneamente spazio alla creatività e all'innovazione.

Cominciò a diffondersi il coraggio.

Il passo successivo di Kath fu quello di chiedere ad ognuno dei suoi operai specializzati di misurare la massima velocità di produzione che poteva essere sostenuta dai macchinari, per un periodo di diverse settimane, mentre lavoravano ad ordini più piccoli. Ciò permise loro di valutare i costi di produzione in modo molto preciso, e questo li mise in grado di presentare preventivi più accurati per i nuovi lavori.

Kath decise, nonostante i suoi anni di esperienza, che aveva bisogno di sviluppare essa stessa nuove competenze, quindi assunse dei consulenti nel campo della finanza e del marketing. Conosceva ognuno di loro grazie alla rete che aveva creato nel corso degli anni, e ora li chiamava "Il board che non puoi permetterti". Estese questo pensiero a tutto il suo team, dando a ogni dipendente l'opportunità di intraprendere corsi di formazione e aggiornamento riconosciuti a livello nazionale, che coprivano ogni campo, dalla gestione della produzione e IT, fino al servizio clienti e vendite.

La scelta di Kath di lasciarsi guidare non dalla paura bensì dall'amore per le sue persone e per la storia dell'azienda ebbe un effetto decisivo. Sei mesi dopo la notizia della rescissione del contratto, aveva limitato la perdita annuale a centoquarantamila sterline. Dodici mesi dopo, quando arrivò la recessione del 2008, la Spectrum era già preparata, con la cultura e l'atteggiamento mentale necessari per aiutarla a superare la tempesta. Anche l'impegno di Kath nei confronti dei suoi dipendenti fu riconosciuto: poco più di due anni dopo, la Spectrum vinse un premio nazionale per l'apprendimento e l'aggiornamento sul posto di lavoro.

Oggi l'azienda va ancora forte, mentre altri nel settore non esistono più, compreso il concorrente che aveva rilevato il contratto principale della Spectrum nel 2007.

SIAMO TUTTI UMANI

Sarebbe meraviglioso se potessimo essere tutti perfetti e guidati sempre dall'amore. Essere una di quelle persone che mettono sempre gli altri prima di se stessi. Vedere la possibilità invece della mancanza. Scegliere una *stand* anziché prendere una posizione. Mostrare umiltà e tenere sotto controllo il nostro ego mentre facciamo sempre la cosa giusta.

Ma siamo realistici. Siamo umani.

Immaginate di stare guidando e di rischiare di arrivare tardi a un appuntamento di lavoro importante. Giunti a destinazione, vi infilate nel parcheggio libero più vicino, fingendo di non aver visto un altro automobilista che aspettava di prendere quel posto. (È a rischio il vostro sostentamento se perdete quell'incontro. Prende il sopravvento la paura.)

Oppure siete al lavoro e un membro del vostro team perde una vendita importante. Reagite aggredendolo verbalmente e facendolo a pezzi davanti agli altri. (Il vostro sostentamento, il vostro status e la vostra reputazione sono tutti in gioco se l'obiettivo della squadra non viene raggiunto. Prende il sopravvento la paura.)

Oppure il vostro bambino di quattro anni rovescia accidentalmente il suo bicchiere mentre pranzate insieme in un ristorante elegante. Forse non avete dormito molto la notte precedente. Vi sentite immediatamente infastiditi e imbarazzati, reagite con rabbia e lo rimproverate. (Il vostro status, ovvero la reputazione di genitore con figli ben educati, è stato minato. Dovrebbero sapere comportarsi meglio. Prende il sopravvento la paura.)

È probabile che nessuno di questi eventi ci renderebbe orgogliosi se dovessimo rifletterci in seguito. In effetti, probabilmente ci sentiremmo delusi da noi stessi o, in alternativa, faremmo gli spacconi razionalizzando con enfasi il nostro comportamento. Ma va bene così: nessuno riesce a fare sempre tutto bene.

Questo non significa che dovremmo dare carta bianca a noi stessi per comportarci in modi di cui poi ci pentiremo. Ma significa che, di tanto in tanto, possiamo darci un po' di tregua. L'*andamento* nel tempo, del modo in cui scegliamo di essere leader di noi stessi e degli altri, è più importante di ogni singola azione. Se questo andamento è più orientato ad essere guidati dall'amore che dalla paura, si apriranno maggiori possibilità per noi come leader. Questo andamento non solo modellerà il nostro mondo, ma rafforzerà le fondamenta del nostro carattere e del modo in cui gli altri ci vedono.

Dobbiamo avere una tecnica che aiuti a ridurre al minimo le volte in cui reagiamo per paura.

REAGIRE E RISPONDERE

Come pilota, uno degli allarmi che a bordo attira davvero l'attenzione è quello che segnala un incendio al motore. Sugli aerei passeggeri di grandi dimensioni questo allarme è solitamente un campanello molto rumoroso, accompagnato da una grande luce rossa che indica quale motore sta bruciando. L'effetto è potente. Di solito la cabina di pilotaggio di un aereo di grandi dimensioni è un luogo tranquillo e silenzioso. Quando viene sconquassato dal rumore assordante dell'allarme antincendio di un motore è uno shock considerevole. Anche quando avviene in un simulatore, si ferma per un attimo il cuore.

Prima che un pilota sia stato completamente addestrato a gestire queste situazioni, è naturale che la paura prenda il sopravvento. In un istante, l'istinto primordiale valuta le opzioni: paralisi, fuga o attacco. Beh, non puoi scappare: sei a 10.000 metri, quindi andarsene adesso sconvolgerebbe davvero i passeggeri. Non ci sono neanche animali feroci da combattere. Quindi rimane solo un'opzione: la paralisi. Inizia il blocco.

Chiaramente, se non possiamo fare altro che paralizzarci, è improbabile che la situazione possa risolversi bene. Questo è il motivo per cui i piloti professionisti si addestrano a lungo per affrontare queste e altre emergenze potenzialmente da arresto cardiaco. Quando suona l'allarme antincendio di un motore, l'equipaggio esegue le cosiddette **azioni immediate**. Si tratta di una breve serie di azioni predeterminate pensate per gestire la situazione nel miglior modo possibile. Le azioni immediate vengono memorizzate in modo che, come suggerisce il nome, possano essere eseguite correttamente senza esitazione. È importante sottolineare che la prima azione è eliminare il suono dell'allarme. Ha sortito il risultato necessario: adesso è chiaro che c'è un incendio al motore.

Le azioni immediate sono un esempio di una **risposta** che prende il posto di ciò che altrimenti sarebbe una **reazione**. Le reazioni tendono ad essere istintive. Se stiamo reagendo a qualcosa che per noi è veramente importante, la nostra reazione sarà guidata dalla paura o dall'amore. Una reazione dettata dalla paura ci farebbe fare un passo indietro rispetto al suono di avvertimento di un serpente a sonagli, mentre una reazione dettata dall'amore ci farebbe fare un passo avanti se il serpente minacciasse un bambino piccolo.

Una **risposta**, invece, è diversa. È più ragionata. Come le azioni immediate, una risposta è ciò che offriamo quando abbiamo avuto il tempo di riflettere su una determinata situazione. Le azioni immediate in caso di incendio di un motore aeronautico sono state attentamente elaborate da ingegneri e piloti esperti, che hanno riflettuto in modo ponderato sull'ordine di cosa è necessario fare, e quando. È importante sottolineare che hanno elaborato questa risposta seduti in comodi uffici, non mentre si trovavano su un aereo avvolto dalle fiamme. Le azioni immediate consentono al pilota di rispondere a una situazione nel momento esatto in cui sarebbe altrimenti più probabile una reazione basata sulla paura.

Possiamo utilizzare lo stesso approccio nei momenti di leadership quotidiani. Se il nostro intento è quello di essere leader senza che si intrometta la paura, possiamo prenderci il tempo per riconoscere le situazioni in cui potremmo essere mossi da una reazione non utile basata sulla paura. Quando riusciamo a prevedere questi momenti, possiamo riconoscere la paura come un segnale d'allarme, proprio come il campanello antincendio del motore. Possiamo quindi rispondere in un modo che sia guidato dall'amore e che sia generativo.

Potrebbe essere semplice come assumersi la responsabilità di essere arrivati in ritardo a una riunione perché non avete messo in conto il tempo necessario per trovare un parcheggio, invece di raccontare che c'era un gran traffico. Oppure dimostrarvi interessati al perché il vostro commerciale ha perso la vendita e chiedervi come avreste potuto supportarlo meglio. O rendervi conto che il vostro bambino di quattro anni potrebbe essere così emozionato di essere in un ristorante di lusso da far cadere qualcosa, e decidere che non permetterete a questo piccolo incidente di rovinare l'uscita della famiglia.

Per tutte quelle volte in cui non riusciamo a prevedere le azioni degli altri e la paura ci prende quando meno ce lo aspettiamo, possiamo anche dire: "Adesso ti esprimo la mia reazione immediata. Domani, quando avrò avuto tempo di riflettere, ti darò la mia risposta ponderata".

ABBIAMO SEMPRE UNA SCELTA

Come nella storia di Kath raccontata poco sopra, abbiamo sempre la possibilità di scegliere l'amore e non la paura, di vedere sfide e opportunità anziché problemi insormontabili. Abbiamo questa scelta anche nelle circostanze più estreme.

Dopo che Malala Yousafzai venne colpita dall'attentato, sarebbe stato comprensibile che, spinta dalla paura, si tirasse indietro, per stare lontana da coloro che si opponevano sia a lei che a ciò che rappresentava. Malala, al contrario, scelse l'amore, facendo proprio il problema di chi voleva farla tacere. Lo affrontò come una sfida e creò un'opportunità. Usando le sue stesse parole dal discorso che fece alle Nazioni Unite un anno dopo l'attentato:

> Cari amici, il 9 ottobre 2012 i talebani mi hanno sparato sul lato sinistro della fronte. Hanno sparato anche ai miei amici. Pensavano che i proiettili ci avrebbero messo a tacere, ma hanno fallito. Anzi, dal silenzio sono uscite migliaia di voci. I terroristi pensavano di cambiare i miei obiettivi e fermare le mie ambizioni. Ma nulla è cambiato nella mia vita se non questo: debolezza, paura e disperazione sono morte; forza, energia e coraggio sono nati.

> Io sono la stessa Malala. Le mie ambizioni sono le stesse. Le mie speranze sono le stesse. E i miei sogni sono gli stessi. Care sorelle e cari fratelli, io non sono contro nessuno. Né sono qui per parlare in termini di vendetta personale contro i talebani o qualsiasi altro

gruppo terroristico. Sono qui per parlare per il diritto all'istruzione per tutti i bambini. Voglio l'istruzione per i figli e le figlie dei talebani e di tutti i terroristi e gli estremisti. Non odio nemmeno il talebano che mi ha sparato.

Questo discorso era guidato dall'amore. L'affermazione della *stand* in cui crede. Riguarda l'opportunità di elevare gli altri, anche i figli di coloro che la vorrebbero morta.

Nel giugno 2018 ebbi l'opportunità, tramite un amico comune, di conoscere Malala, mentre studiava per prendere la laurea all'Università di Oxford. Con grande gentilezza, ci accompagnò a fare un giro del suo college, Lady Margaret Hall. Mentre camminavamo e parlavamo, rimasi particolarmente sorpreso dal suo coraggio silenzioso e dalla sua umile autostima. Nonostante la fama mondiale e i numerosi riconoscimenti, incluso il Premio Nobel per la Pace, non erano percepibili in lei il benché minimo ego o l'arroganza.

Amore o paura. Abbiamo sempre una scelta.

CONSIDERATE QUESTO

Mentre la paura si scatena in modo naturale quando sentiamo che la nostra vita è in pericolo, questo accade anche quando percepiamo che il nostro sostentamento, il nostro status o la nostra reputazione sono minacciati. Imparare a riconoscere la paura come segnale d'allarme e a rispondere con amore è essenziale per creare un ambiente che sia generativo e dal quale nascano leader.

- **IMPARARE A VOLARE**

  Considerate questo: esercitatevi a far sì che le vostre azioni siano guidate dall'amore piuttosto che dalla paura.

  Quando affrontate una battuta d'arresto, ricordate a voi stessi gli impulsi dell'amore che vi spingono avanti. Questa è la vostra fonte di energia sostenibile.

  La prossima volta che reagite per paura e vi scagliate contro qualcuno, o fate una scelta di cui poi vi pentirete, riflettete su cosa avreste potuto fare diversamente. Quindi, se la situazione lo permette, tornate indietro, riconoscete che in quel momento stavate reagendo, e rispondete nel modo in cui vorreste aver fatto.

- **VOLARE**

  Considerate questo: riconoscete che non sempre "farete tutto bene" quando vi applicate o quando interagite con gli altri.

  Cercate di porre rimedio alle conseguenze delle vostre azioni e riflettete sul fatto che è l'andamento generale delle vostre azioni che vi definisce.

- **INSEGNARE AGLI ALTRI A VOLARE**

  Considerate questo: identificate gli scenari in cui il vostro team potrebbe trovarsi ad affrontare una particolare sfida o opportunità.

Prendetevi il tempo per identificare, come team, dove potreste incontrare i potenziali fattori che scatenano la paura. Quindi esaminate questi scenari in modo che il vostro team possa elaborare qualsiasi reazione e sviluppare una risposta ponderata da utilizzare se e quando tali scenari si verificassero, nello stesso modo in cui i piloti imparano le azioni immediate da seguire in caso di emergenza.

Prendete l'abitudine di fare attenzione ai momenti in cui il vostro team reagisce con paura. Cercate di capire cosa c'è dietro quella scelta e aiutate il vostro team a riformularla attraverso la prospettiva dell'*amore per* qualcosa piuttosto che della *paura di* qualcosa. Questo li aiuterà a rispondere meglio in futuro.

◆ PRATICARE LA JUMPSEAT LEADERSHIP

Considerate questo: prendetevi del tempo per riconoscere che i vostri risultati più grandi sono stati guidati dall'amore piuttosto che dalla paura.

Siate esempio delle azioni e dei modi di parlare guidati dall'amore (ad esempio, scegliendo una *stand* a favore qualcosa anziché prendere una posizione contro qualcosa).

La prossima volta che vi verrà chiesto di raccontare "i bei vecchi tempi", assicuratevi di includere alcuni episodi in cui avete scelto l'amore invece della paura. Aiutate gli altri a capire cosa vi ha mossi e che ci è voluto coraggio per scegliere di lasciarsi guidare dall'*amore per* qualcosa piuttosto che dalla *paura di* qualcosa.

Capitolo 6

Custode della speranza

LA SIGNORA NELLA TORRE

Mentre scendevamo per iniziare l'avvicinamento, abbassai lo sguardo per dare una prima occhiata all'aeroporto internazionale di Freetown Lungi in Sierra Leone, sulla costa occidentale dell'Africa. Riuscivo a distinguere l'unica pista di atterraggio, che puntava a nord-ovest tagliando le spiagge verso l'Oceano Atlantico. Tutto sembrava tranquillo. E poi notai i crateri di mortaio sparsi sul campo di atterraggio.

Era il 2002. Il paese stava uscendo da quasi undici anni di guerra civile, e i crateri erano alcune delle cicatrici visibili. Guardando l'area circostante si vedevano diversi cumuli di macerie, che immaginai fossero stati edifici, inframezzati da ciuffi di vegetazione lussureggiante che crescevano dalla terra rosso intenso. Nonostante la ricchezza di diamanti che si trova sotto gran parte del suolo di questa nazione, c'era chiaramente ancora molto lavoro da fare prima che la Sierra Leone si riprendesse del tutto. Come spesso accade con le risorse naturali pregiate, il controllo di quei diamanti era stato un fattore determinante nella guerra.

Nel marzo 1991 il Fronte Unito Rivoluzionario, o RUF, aveva avviato una campagna per rovesciare il governo della Sierra Leone. Fece seguito oltre un decennio di combattimenti, colpi di stato militari e abusi sui civili, mentre il RUF prima prevalse e poi fu respinto, soltanto per tornare a ripetere il ciclo. Una forza armata multinazionale africana aveva tentato senza successo di intervenire e riconquistare la stabilità. Nel frattempo, omicidi, mutilazioni e stupri di massa divennero all'ordine del giorno per la popolazione. Le famiglie venivano spesso separate o, peggio ancora, venivano proprio massacrate diverse generazioni. I bambini risparmiati venivano spesso arruolati nel RUF e costretti a combattere. Era la razza umana che dava il peggio di sé.

Nel 1999 intervenne la comunità internazionale. Fu stipulato e firmato un accordo tra la RUF e il governo che portò al cessate il fuoco. Le Nazioni Unite inviarono una forza di pace per monitorare il disarmo, ma la situazione cominciò nuovamente a peggiorare. L'anno successivo l'esercito britannico si stabilì nel paese per evacuare i cittadini stranieri e contribuire a stabilizzare la situazione. Questo fu un punto di svolta nel conflitto e, alla fine del 2000, venne dichiarata la fine della guerra. Sebbene i combattimenti fossero cessati, alcune truppe britanniche rimasero a Freetown, fornendo supporto al governo e aiutando anche a ricostruire e addestrare l'esercito nazionale. Durante questo volo verso la Sierra Leone nel 2002, il mio aereo trasportava l'ultimo gruppo di soldati che avrebbe dato sostegno nell'addestramento.

Atterrammo e, evitando i detriti sparsi sulla pista di rullaggio, portai il grande jet nell'area di parcheggio, dove ci fermammo. Quando le nostre truppe sbarcarono, sapevo che avremmo avuto un paio d'ore a terra prima di fare ritorno nel Regno Unito. Quindi, mentre l'equipaggio si occupava del rifornimento di carburante, decisi di andare alla torre di controllo per salutare i controllori con cui avevo parlato per radio durante l'avvicinamento.

La torre mostrava tutti i segni di una guerra. La vernice si era staccata dall'edificio, un tempo elegantemente imbiancato. Il fuoco delle mitragliatrici aveva lasciato decine di segni sui muri esterni. Dove un tempo c'erano state finestre, ora c'erano solo vuoti, anche in cima alla torre dove stavano i controllori. Entrai da una porta che a malapena si reggeva sui cardini, e salii la ripida scala che portava a un paio di porte a battente e alla torre di controllo stessa.

Fui accolto dagli ampi sorrisi di due uomini del posto sulla trentina. Togliendosi le cuffie, mi accolsero calorosamente. Eravamo l'unico aereo in arrivo quel giorno, e sembravano molto contenti di avere quella distrazione.

Nell'angolo alla mia sinistra notai una signora anziana seduta in silenzio su una sedia, intenta a lavorare a maglia. Immaginai che fosse la madre di uno dei controllori. Lei alzò lo sguardo mentre la salutavo e poi, vedendo la mia uniforme, si avvicinò immediatamente e mi abbracciò stretto intorno alla vita, premendo forte il viso contro il mio petto. Con le lacrime agli occhi, continuava a ripetere: "Grazie, grazie, grazie...".

Lo ammetto, non me lo aspettavo e, all'inizio, non sapevo davvero cosa pensare. Ma più tardi mi resi conto che non stava ringraziando *me*. Aveva riconosciuto la mia uniforme britannica e la Union Jack sulla manica. Dopo anni di sofferenza per le devastazioni e le atrocità nel suo paese, stava riconoscendo ciò che quella bandiera rappresentava per lei: la speranza. Per tutto quel tempo, si era aggrappata alla speranza che la situazione nel suo paese migliorasse. L'arrivo delle truppe britanniche che indossavano la mia stessa uniforme aveva alimentato la sua speranza. Poteva iniziare a vedere la possibilità che finalmente tornassero la stabilità e la pace.

Così come la paura, anche la speranza è una forza potente. La differenza è che la speranza nasce dall'amore, è una convinzione duratura che ci sarà un "dopo", a prescindere da quanto sia difficile la situazione attuale. La speranza può essere difficile da quantificare, anche se tutti sappiamo quando ce l'abbiamo, così come sappiamo bene quando invece non ce l'abbiamo. La presenza o l'assenza di speranza in noi può essere percepita anche da chi ci circonda.

Jim Collins, nel suo libro *Good to Great*, racconta la storia del vice ammiraglio della Marina degli Stati Uniti James Stockdale, che trascorse otto anni da prigioniero durante la guerra del Vietnam. Molti dei suoi uomini che erano reclusi insieme a lui sopravvissero, mentre tanti altri no. Stockdale si rese conto che sopravvivevano quelli che conservavano la speranza – la speranza che un giorno sarebbero stati rilasciati. I prigionieri che *non* sopravvissero erano gli ottimisti, quelli che credevano che sarebbero stati rilasciati, diciamo, entro Natale o Pasqua.

Man mano che queste date si avvicinavano e poi passavano, il loro ottimismo scemava. Senza più speranza, cadevano nella disperazione e, come disse Stockdale, morivano di crepacuore.

L'ottimismo da solo non basta. Per resistere abbiamo bisogno di speranza.

CAMPO BASE

Rimanere aggrappati alla speranza significa prendersi un impegno. Eppure la speranza non può essere scollegata dalla nostra realtà attuale. Proprio come abbiamo speranza per il futuro, dobbiamo riconoscere e abbracciare il presente, non importa quanto sia scoraggiante. Le due cose devono lavorare in tandem. È come quando partiamo per scalare una montagna: dobbiamo prima stabilire il nostro **campo base** e fare il punto sulle nostre persone, sulle attrezzature e sulle circostanze. Potrebbe essere che abbiamo tutto l'addestramento e i rifornimenti di cui abbiamo bisogno, ma quel giorno il meteo ci impedisce di andare avanti. Sia la signora nella torre, che aveva sopportato anni di conflitto in Sierra Leone, sia Stockdale e i suoi uomini tenuti prigionieri, dovevano accettare che la loro situazione difficilmente sarebbe cambiata nell'immediato. La speranza da sola non avrebbe cambiato le circostanze sulle quali loro non avevano alcun controllo, ma certamente la speranza *avrebbe* dato loro la forza di cui avevano bisogno per sopravvivere finché le circostanze non fossero cambiate.

Per fortuna, la maggior parte di noi non si trova in situazioni così estreme, dove tutto quel che ci resta è la speranza. Di solito ci sono delle azioni che possiamo intraprendere. Tuttavia, dobbiamo ancora aggrapparci alla speranza, oltre a riconoscere la realtà della nostra situazione.

Nel capitolo precedente, quando Kath della Spectrum Plastics ebbe la notizia dell'annullamento del contratto, dovette affrontare la realtà della perdita del 70% delle entrate annuali da un giorno all'altro e del pericolo reale che questo rappresentava per l'azienda. Nessuna speranza avrebbe cambiato questi fatti. Riconoscere pienamente la situazione le dette le solide basi di cui aveva bisogno per costruire le alternative che avrebbero portato l'azienda fuori dalla crisi. Allo stesso modo, se Kath, in qualità di leader, avesse perso la speranza per il futuro, probabilmente l'avrebbero persa anche i membri della sua squadra. Avrebbero potuto accettare la loro situazione e tuttavia non avere la speranza di andare avanti.

Per start-up altamente tecniche e ambiziose, è ancora più vitale che i leader abbraccino sia la speranza che la realtà. Agli albori di SpaceX, Elon Musk dovette affrontare la realtà di tutti i lanci falliti ed esaminare metodicamente ciò che aveva causato gli insuccessi. Per tutto il tempo, continuò a mantenere la speranza – una ferma convinzione – che l'azienda, ad un certo punto, avrebbe inanellato una serie di successi con i suoi razzi. Mantenere viva questa speranza è ciò che dà a tutti in SpaceX la resistenza e la resilienza di cui hanno bisogno per portare le persone su Marte.

Sia che stiamo affrontando una crisi, una battuta d'arresto aziendale, o cercando di portare un nuovo prodotto sul mercato, come leader dobbiamo essere custodi della speranza, accettando al tempo stesso la realtà delle nostre circostanze.

Nell'aprile del 1970 la speranza e la realtà si unirono drammaticamente davanti agli occhi del mondo intero.

APOLLO 13

Il 13 aprile 1970 la tredicesima missione Apollo, che stava trasportando sulla Luna tre astronauti americani, si trovò improvvisamente di fronte a un'emergenza che metteva a rischio la vita di coloro che erano a bordo. Uno dei serbatoi di ossigeno, nella sezione della navicella conosciuta come modulo di servizio, prese fuoco. L'esplosione causò la perdita dell'ossigeno da quella parte della navicella – la principale fonte necessaria per generare elettricità, utilizzando celle a combustibile, che avrebbe mantenuto in vita gli astronauti per la maggior parte del volo.

Al momento dell'esplosione, l'Apollo 13 e il suo equipaggio avevano già percorso due terzi del viaggio verso la Luna e si stavano allontanando dalla Terra ad una velocità di 25.000 miglia all'ora. Divenne subito chiaro al centro di controllo della NASA a Houston che gli astronauti non avevano né ossigeno né energia elettrica sufficienti per tornare sulla Terra nel modo prestabilito, e forse nemmeno per tornare. La loro situazione sembrava senza speranza.

Gene Kranz, il trentaduenne direttore di volo della NASA, era di turno al centro di controllo al momento dell'esplosione sull'Apollo 13. Divenne compito di Kranz guidare il team nei giorni successivi per riportare a casa gli astronauti. Di fronte a una sfida apparentemente impossibile, Kranz fu instancabile nel mantenere la speranza in maniera indefessa e non smise mai di trasmetterla al suo team.

La prima cosa che Kranz fece fu di accettare la realtà che si trovavano a dover affrontare. Ciò significava riconoscere che l'allunaggio programmato non era più possibile: una decisione difficile di per sé, visti gli anni di pianificazioni e i milioni di dollari che erano stati investiti. La loro missione, a quel punto, si era trasformata in una missione puramente di sopravvivenza e salvataggio.

La navicella spaziale aveva perso molti sistemi di critica importanza, compreso il supporto vitale, e il team di Kranz doveva valutare l'impatto della perdita di ciascuno di essi. Nel film della Universal Pictures del 1995 *Apollo 13*, una scena raffigura Kranz, interpretato da Ed Harris, che riunisce il suo team di ingegneri e tecnici poco dopo l'esplosione. Stabilisce il suo "campo base" attraverso l'ascolto di ciascuno dei suoi specialisti di sistema mentre condividono la realtà di ciò che stanno affrontando. La scena si conclude con Kranz che dichiara: "Fallire non è un'opzione!" Anche se questa frase esatta è un'invenzione di Hollywood, descrive bene l'atteggiamento di Kranz e dell'intero team della NASA di fronte ad ogni sfida. In effetti, il Kranz nella vita reale usò questa frase come titolo della sua autobiografia, poiché rifletteva accuratamente la cultura della leadership: speranza unita alla realtà.

MAGAZZINO DI POSSIBILITÀ

Abbracciando la realtà, avendo ben chiara la loro nuova missione, e tenendo in vita la speranza, Kranz creò quello che io chiamo un **magazzino di possibilità**.

Immaginate un ampio magazzino. Al momento non c'è nulla all'interno. Ma ciò che è importante è che questo edificio rappresenta una *possibilità*. Nel caso di Kranz, si trattava della possibilità che tutti gli astronauti potessero tornare a casa sani e salvi. Come un'insegna sopra la porta principale del magazzino, questo era l'impegno incrollabile di Kranz. Era un impegno nato dal suo carattere: la sua *stand* a non arrendersi mai e ad accettare una sfida – non importa quanto difficile o scoraggiante.

Questo magazzino di possibilità è vitale perché dà uno spazio in cui la possibilità può crescere. All'inizio è probabile che spunti un piccolo ufficio in un angolo del magazzino, con un cartello sulla porta che dice: "Non si può fare". È qui che sta la persona che tira fuori tutte le ragioni per cui non sarà possibile riportare gli astronauti a casa sani e salvi.

Tutti abbiamo incontrato almeno una di queste persone quando abbiamo accettato una nuova sfida. La loro negatività può essere piuttosto irritante. Ma la loro presenza è anche fondamentale, perché queste persone diventano la voce dei problemi che troviamo sul nostro percorso, dandoci l'opportunità di andare incontro alle sfide e affrontarle. Se abbiamo abbastanza chiarezza sulla possibilità che ci impegniamo a realizzare, questo ispirerà altri a venire nel nostro magazzino e a stabilirci i propri uffici. Questi nuovi uffici avranno cartelli diversi sulle porte, ognuno dei quali rappresenta una soluzione a una delle sfide che stiamo affrontando.

Nel caso dell'Apollo 13, i tecnici e gli specialisti trovarono l'ispirazione per capire in quale altro modo utilizzare l'attrezzatura a bordo della navicella per riportare gli astronauti a casa sani e salvi. Gli "uffici" che crearono all'interno del magazzino delle possibilità di Kranz rappresentavano le soluzioni su come assicurare l'ossigeno all'equipaggio, come conservare l'energia elettrica, come utilizzare la gravità della Luna per riportare la navicella spaziale sulla Terra, come navigare con i computer principali spenti, come correggere la rotta della navicella in modo che entrasse nell'atmosfera terrestre con l'angolazione corretta, come impedire che l'accumulo di monossido di carbonio avvelenasse l'equipaggio... Le soluzioni arrivarono serrate e veloci. Alla fine, il magazzino si riempì di tutte le soluzioni necessarie per riportare a casa l'equipaggio. A quel punto la possibilità si trasformò in realtà.

L'Apollo 13 riuscì ad ammarare in sicurezza nell'Oceano Pacifico meridionale quattro giorni dopo, il 17 aprile. L'equipaggio – Jim Lovell, Jack Swigert e Fred Haise – sopravvisse alla disavventura.

Nel febbraio 2016, durante un periodo in cui stavo lavorando nel settore aerospaziale statunitense, ebbi l'opportunità di prendere un caffè e fare due chiacchiere con Lori Garver. Alla fine degli anni '90 Garver ricopriva il ruolo di assistente amministratore della NASA, il secondo ruolo più importante nell'organizzazione. Sebbene la NASA si sia evoluta dai tempi della corsa alla Luna, la leadership di Kranz rimane una testimonianza di ciò che si può ottenere quando la speranza e le possibilità vengono mantenute vive. L'omonimo film vincitore dell'Oscar, *Apollo 13*, è uno dei migliori esempi per immagini di tutte le idee che ho condiviso finora in questo libro e di molte di quelle che condividerò nei capitoli che seguono. Vale la pena guardarlo quando ne avrete l'opportunità.

La signora nella torre di controllo in Sierra Leone non aveva dovuto cercare di recuperare gli astronauti da un veicolo spaziale danneggiato, né aveva formalmente un team. Ma la realtà che stava affrontando era una storia di sopravvivenza altrettanto scoraggiante. C'era poco che potesse fare fisicamente, eppure poteva aggrapparsi alla speranza che la sua famiglia e il suo paese riuscissero a superare ciò che stavano affrontando. Creò lo spazio – il suo magazzino di possibilità – in cui gli altri potevano entrare e contribuire a dare vita al futuro che immaginava. Per fortuna, era ancora viva quando questo accadde. Ma anche se non fosse sopravvissuta, sono convinto che il suo impegno silenzioso per un futuro migliore avrebbe continuato a vivere attraverso coloro che avrebbe lasciato dopo di lei.

Se non scegliamo la speranza quando affrontiamo difficoltà schiaccianti, siamo già sconfitti.

Il punto più importante del magazzino delle possibilità è che ci offre, come leader, un modo per creare l'atteggiamento mentale grazie al quale il nostro team o gli altri intorno a noi possono allinearsi e, insieme, far accadere qualcosa. Il magazzino delle possibilità è il contenitore in cui la speranza può prosperare. Quando Kranz si impegnò a riportare tutti gli astronauti a casa sani e salvi e lo dichiarò al suo team, ognuno ebbe l'opportunità di contribuire con la propria parte alla soluzione. Anche quando abbiamo fatto tutto il possibile e c'è ancora la possibilità di fallire, la speranza è ciò che ci fa andare avanti.

Nelle scene finali del film *Apollo 13*, quando non c'è altro da fare se non aspettare il rientro e l'ammaraggio della capsula, il personaggio di Kranz afferma, "Credo che questo sarà il nostro momento migliore".

Probabilmente aveva ragione.

SPERANZA E POSSIBILITÀ

Mentre organizzavo un workshop per Nike nella loro sede di Milano, rimasi colpito dallo straordinario spazio comune che stavamo utilizzando. Ciò che lo rendeva straordinario erano le accattivanti fotografie in formato poster appese alle pareti.

Da un lato c'erano le foto di grandi atleti famosi, come il calciatore Cristiano Ronaldo, il corridore Mo Farah, il giocatore di basket LeBron James e il golfista Tiger Woods. Sulla parete opposta c'erano fotografie delle stesse dimensioni e altrettanto importanti, solo che si trattava di atleti locali sconosciuti, che dovevano ancora sviluppare il loro pieno potenziale. Insieme, queste immagini esprimevano speranza e possibilità. Incarnavano ciò che conta davvero per Nike come organizzazione e ciò che accomuna tutte le persone che ho incontrato al suo interno: quelle immagini celebravano i risultati umani e, così facendo, ispiravano e stimolavano altri ad andare avanti e ottenere più di quanto avrebbero potuto immaginare. Lungo il percorso, esse aiutavano a mantenere viva la speranza delle persone, anche di fronte a inevitabili battute d'arresto.

A volte un magazzino di possibilità può essere rappresentato da una singola fotografia, che cattura come ci sentiremo quando realizzeremo ciò per cui ci siamo impegnati. Oppure, come direbbe Nike, quel magazzino di possibilità inizia semplicemente dall'indossare il paio di scarpe giuste.

IL CERCHIO COMPLETO

Non pensai al mio volo per la Sierra Leone e alla signora nella torre di controllo per molti anni, fino ad un freddo giorno a Francoforte.

Ero appena atterrato da Londra per tenere un discorso al convegno annuale di una grande società di consulenza. Nella sala bagagli fui accolto da un signore elegantemente vestito e dall'aspetto distinto di nome Ralph. Mi disse che era il mio autista e che mi avrebbe portato al mio hotel in centro.

Seduto nel silenzio della Mercedes immacolata, iniziai a chiacchierare con Ralph. I suoi capelli grigi e sottili mi fecero pensare che avesse qualche anno più di me, ed ero curioso di sapere come fosse arrivato a fare l'autista di limousine. Come per la maggior parte dei tedeschi che ho incontrato, il suo inglese era perfetto, quindi la nostra conversazione fluiva facilmente.

Venne fuori che Ralph era il proprietario dell'azienda di noleggio di limousine e che molto semplicemente gli piaceva guidare e amava il senso di libertà che questo gli dava. Non era la prima attività che gestiva. Negli anni '80 e '90 aveva avuto un'azienda di esportazione che spediva e installava attrezzature mediche in nuovi ospedali in Africa.

"Quali paesi dell'Africa?" gli chiesi.

"Africa centrale e occidentale – parecchio in Sierra Leone", fu la sua risposta. "O almeno finché la guerra civile non mise fine agli affari. Conosce la regione?"

La mia memoria tornò in un lampo ai crateri dei mortai, alla torre di controllo distrutta e alla signora che mi abbracciava. Raccontai a Ralph della mia fugace visita all'aeroporto di Freetown e gli chiesi se fosse riuscito a lasciare il paese prima della guerra. Mi raccontò che all'inizio era rimasto perché, comprensibilmente, c'era una forte richiesta per le sue attrezzature mediche. Quando le cose avevano cominciato a diventare davvero pericolose e venivano colpiti anche i cittadini stranieri, era riuscito a prendere uno degli ultimi voli per la Germania.

E poi, un anno dopo, quando i combattimenti e le atrocità erano al culmine, ci era tornato.

A questo punto avevamo raggiunto il mio albergo, ma dovevo saperne di più. Perché mai avrebbe dovuto scegliere di tornare a Freetown nel bel mezzo della guerra? Ralph mi spiegò che si era fatto molti amici durante la permanenza in Sierra Leone. Una volta tornato in Germania, era rimasto in contatto con quante più persone poteva, perché aveva conosciuto le loro famiglie ed era stato spesso a casa loro. Ma poi le notizie si erano fatte sempre più inquietanti.

Ralph aveva stretto amicizia con una famiglia in particolare: un signore conosciuto per lavoro, e la moglie, i loro due bambini e i loro genitori, che vivevano tutti nella stessa casa a Freetown. I loro messaggi erano diventati sempre meno frequenti, prima di cessare del tutto. Dopo molte chiamate, Ralph scoprì con orrore che il suo amico d'affari, la moglie e i loro genitori erano stati tutti massacrati. E nessuno sembrava sapere cosa fosse successo ai due bambini.

Ralph sapeva che doveva fare qualcosa. Riuscì a prendere un volo per Freetown e, con l'aiuto di altre persone, iniziò a cercare i bambini. Dopo giorni di ricerche, e contro ogni previsione, li trovò e li portò in salvo.

"Dove sono adesso?" chiesi.

"Beh", spiegò Ralph tranquillamente, "li ho riportati in Germania, e io e mia moglie li abbiamo tirati su come se fossero nostri. La bambina si è appena laureata all'Università di Edimburgo, mentre il maschio ha recentemente iniziato a lavorare nel campo della finanza qui a Francoforte".

Possiamo trovare esempi di leadership straordinaria ovunque intorno a noi, se ci interessa cercarli. Ciò che emerse dalla mia conversazione con Ralph fu quali fossero le *stand* che guidavano la sua vita. Dimostrò la sua capacità di trasformare le proprie *stand* in impegni e di agire di conseguenza. Usò la paura come catalizzatore di coraggio e si lasciò guidare dall'amore per gli altri. Mantenne viva la speranza mentre affrontava la dura realtà di ciò che lo aspettava. Continuò ad elevare i bambini che aveva salvato, e che ora, a quanto sembra, stavano sbocciando.

Aveva l'obbligo di fare anche una sola di tutte queste cose? No.

Avrebbe potuto fermarlo qualcosa? Probabilmente niente al mondo.

Quando qualcosa è importante abbastanza per noi, diventa una *stand*, e dà forma a una parte del nostro carattere. Le nostre *stand* agiscono come un grande serbatoio di energia, che possiamo utilizzare per alimentare gli *impegni* che ci prendiamo.

Come leader, dobbiamo proteggere la capacità di *fare breccia nel rumore*, di cogliere il messaggio semplice: la missione, la visione o il focus di ciò che ci proponiamo di fare. Noi stessi dobbiamo connetterci a questo obiettivo a livello personale e dare anche ai membri del nostro team l'opportunità di sentirlo proprio.

Quando la paura alza la testa, dobbiamo riconoscerla come l'avvertimento che è, moderando la nostra reazione e scegliendo invece di rispondere con *amore*.

Dobbiamo anche abbracciare la *realtà*, pur rimanendo guardiani della *speranza* – la convinzione che realizzeremo ciò che ci siamo prefissati.

Anche se non sempre riusciremo ad azzeccarle tutte, quando mettiamo in pratica queste idee in modo intenzionale, costruiamo le basi di una cultura in cui anche le nostre persone iniziano a farsi avanti e a essere leader.

Otteniamo ciò che coltiviamo.

CONSIDERATE QUESTO

Sia che siamo leader di noi stessi o di un team, dobbiamo essere in grado di abbracciare sia la speranza che la realtà attuale. La speranza – la fede in qualcosa "dopo" – alimenta la nostra resilienza e la determinazione ad andare verso il mondo che immaginiamo.

◆ IMPARARE A VOLARE

Considerate questo: la prossima volta che vi trovate di fronte a una sfida apparentemente impossibile, visualizzate come vi sembrerà *dopo* che l'avrete superata.

Create una connessione con il vostro impegno di fondo, derivante dall'*amore per* qualcosa.

Traete la vostra energia da questa immagine, tenendovi saldamente ancorati alla convinzione che avrete la meglio, indipendentemente dagli ostacoli che potreste incontrare lungo il percorso.

◆ VOLARE

Considerate questo: la prossima volta che vi viene assegnato un incarico, consideratelo come un magazzino di possibilità.

Date un nome al risultato e appendete il cartello sopra la porta in modo che gli altri possano scegliere di venire ad aiutarvi a raggiungerlo.

Incoraggiate un pessimista a unirsi a voi: vi aiuterà a identificare le sfide che dovrete superare.

◆ **INSEGNARE AGLI ALTRI A VOLARE**

Considerate questo: concentratevi sulla definizione delle possibilità che vedete per il vostro team, sul vostro costante impegno per il risultato che state cercando, anche quando non siete sicuri di come arrivarci, e sul creare e mantenere lo spazio, in modo che altri possano farsi avanti e contribuire.

Se il vostro team è preso da un progetto e si concentra esclusivamente su ciò che ha di fronte, prendetevi il tempo per fargli fare un passo indietro e riconnettersi con la possibilità verso la quale state lavorando e con il motivo per cui è importante a livello umano. Questo contribuirà a ritrovare energia e a creare ulteriore slancio.

◆ **PRATICARE LA JUMPSEAT LEADERSHIP**

Considerate questo: cogliete sempre le opportunità per dare supporto verbale, incoraggiamento e riconoscimento pubblico alle persone *senior* quando sono paladine della speranza, senza perdere di vista la realtà della situazione.

Quando necessario, siate il loro confidente, alleato o fate loro da cassa di risonanza, per aiutarle a rinnovare la speranza durante momenti particolarmente difficili.

Condividete le esperienze in cui avete scelto la speranza a dispetto delle probabilità di non riuscire. Aiutatele ad applicare quegli esempi alla realtà che stanno vivendo in modo che possano scegliere di essere custodi della speranza.

L'UMILE AUTOSTIMA

Capitolo 7

L'antidoto all'ego

Era il 16 febbraio 1988, pochi giorni prima del mio venticinquesimo compleanno. Stavo pilotando un volo militare dal Regno Unito a Nairobi, in Kenya. Avevamo centotrenta soldati a bordo, diretti verso un periodo di addestramento nel caldo della savana africana, un viaggio che facevamo abbastanza regolarmente. Il programma prevedeva sempre che volassimo tutta la notte e che atterrassimo subito dopo l'apertura dell'aeroporto. Spesso si trattava di un avvicinamento molto scenografico, con il sole che sorgeva attraverso la foschia mattutina mentre, scendendo, sorvolavamo il parco del Monte Suswa, a nord-ovest di Nairobi.

Dato che avete letto fin qui, probabilmente potete intuire cosa stava per succedere: quell'avvicinamento era destinato a diventare più drammatico del solito.

Io stavo pilotando l'aereo e dirigendo il volo. Nel frattempo, il comandante – la persona responsabile di tutto quanto – si era messo in contatto radio con la torre di controllo, si faceva dare i bollettini meteo, e in generale mi faceva da supporto.

Ci saremmo poi scambiati i ruoli sul volo di ritorno verso il Regno Unito. È procedura standard sui grandi aerei passeggeri che i piloti si alternino in questo modo, poiché dà a ognuno l'opportunità di fare la parte divertente di avere le mani sui comandi.

A circa otto miglia dall'atterraggio, potevo vedere la pista davanti a noi mentre iniziavamo la parte finale del nostro avvicinamento. Detti l'ordine *Undercarriage down; landing checks* – il segnale per il comandante di azionare la leva per abbassare il carrello dell'aereo e per noi di eseguire i controlli finali prima di atterrare.

Quando il comandante mosse la leva, tre piccole luci rosse apparvero sul pannello proprio di fronte a me, una per ciascuna serie di ruote sotto ciascuna ala, e una per il muso. Era del tutto normale che queste luci fossero rosse: sarebbero diventate verdi dopo circa trenta secondi, una volta che le ruote si fossero bloccate in posizione di atterraggio. Solo che questa volta la luce associata alle ruote sotto l'ala sinistra non cambiò. Rimase rossa.

Mi sentii attraversare da un momentaneo brivido di paura. Non riuscire ad abbassare le ruote per l'atterraggio non è una buona cosa su nessun aereo, in particolare su un aereo passeggeri di grandi dimensioni con oltre cento persone a bordo. Senza quelle ruote abbassate, saremmo andati incontro a un atterraggio di emergenza, con la probabilità di incendio e di feriti durante l'evacuazione dell'aereo.

Per fortuna abbiamo una procedura di controllo (una serie di azioni da seguire) per questo evento eccezionalmente raro, che ci consente di rispondere in modo appropriato. La procedura aiuta a placare la paura. Si inizia alzando le ruote e quindi riabbassandole. È un po' come spegnere e riaccendere il computer, e di solito il problema si risolve.

La luce rimase rossa.

Chiaramente ci sarebbe voluto più tempo per risolvere il problema in questa occasione, quindi risalimmo ad una quota di sicurezza e iniziammo a volare sul circuito di attesa, ben al di sopra del suolo e lontano dagli altri aerei. Informammo i controllori del traffico aereo di cosa stava succedendo, e Tony, il comandante, prese il controllo della situazione. Disse ai passeggeri che avevamo un piccolo problema tecnico da risolvere e, nel frattempo, l'equipaggio di cabina avrebbe offerto un altro giro di bevande (analcoliche).

LAVORARE SUL PROBLEMA

Iniziammo a lavorare metodicamente sul problema. Oltre ai due piloti, facevano parte dell'equipaggio in cabina di pilotaggio anche un navigatore e un ingegnere di volo, entrambi aviatori di grande esperienza che erano stati addestrati per risolvere questa situazione. C'erano diversi livelli di azioni da compiere, ognuno dei quali avrebbe dovuto portare al corretto posizionamento delle ruote. Nessuno funzionò. Poi c'era l'ultima possibilità, che non fallisce mai: potevamo abbassare manualmente le ruote. Ora, questa eventualità potrebbe evocare l'immagine di Tom Cruise che si arrampica fuori dall'aereo, con la faccia colpita dalla scia dell'aria, mentre, appeso all'ala, abbassa la ruota con una mano. Per quanto possa sembrare emozionante, la realtà non è proprio come nei film, o almeno non lo fu sul nostro aereo. C'è un portello nel pavimento accanto al ponte di volo, che conduce a una piccola zona simile a una stiva. Una volta all'interno, ci sono leve che possono essere utilizzate in caso di emergenza per rilasciare ciascuna ruota dal posto che occupa durante il volo, e poi bloccarla in posizione di atterraggio. Ed è ciò che facemmo.

Solo che neanche quello funzionò.

In quel momento non sapevamo che, a causa di un errore di stampa in un manuale di manutenzione, il cavo tra la leva e le ruote non era stato collegato correttamente. Proprio come la corda rotta di un aquilone, quel cavo non avrebbe mai funzionato come avrebbe dovuto.

Nelle due ore successive provammo tutto quello che potevamo, incluso far oscillare le ali e indurre quella che ai passeggeri sarebbe sembrata una turbolenza, cercando di scuotere le ruote dalla loro posizione bloccata. La luce rossa rimase ostinatamente accesa. Stavamo finendo il carburante e ci rendemmo conto che avevamo solo un'altra opzione. Avremmo dovuto fare un atterraggio di emergenza.

Come potete immaginare, i nostri passeggeri non accolsero la notizia con molto entusiasmo. Avevano sperato che a quel punto sarebbero stati già a sistemarsi in caserma, godendosi un pasto e una birra. Invece, si ritrovarono a prestare grande attenzione all'equipaggio di cabina, che li stava informando su cosa dovevano fare per prepararsi all'atterraggio di emergenza e all'evacuazione. Sebbene molto simile alle istruzioni standard fornite prima di ogni volo, il briefing sulla sicurezza aveva ora assunto rapidamente maggior pertinenza e urgenza. I passeggeri stavano prestando la massima attenzione all'equipaggio di cabina.

È giusto dire che neppure noi in cabina di pilotaggio eravamo entusiasti della prospettiva di un atterraggio di emergenza. Questo aereo aveva un record di sicurezza lungo e immacolato. Oltre a rappresentare una minaccia per molte vite umane, questo atterraggio avrebbe potuto distruggere un aereo che attualmente funzionava alla perfezione. Come quando una macchina si schianta contro un muro di mattoni, l'aereo sarebbe andato benissimo fino all'istante in cui avrebbe toccato terra senza una delle ruote abbassate.

Il modo in cui ci trattiamo vicendevolmente in queste situazioni critiche è significativo. Quando fu chiara l'ineluttabilità di ciò che dovevamo affrontare, non emerse alcuna arroganza dettata dall'ego. Invece, usammo apertura, reciproco sostegno e rispetto. Ci scervellammo per assicurarci di non avere saltato nulla. Era così.

Ormai tutti i voli del primo mattino erano atterrati, e la maggior parte di essi era a conoscenza della nostra situazione. Mentre l'ultimo volo della British Airways rullava lungo la pista per dirigersi verso il parcheggio al proprio gate, il suo comandante ci augurò buona fortuna prima di lasciare la nostra frequenza radio. Tutto fu improvvisamente silenzioso. Ci sentivamo molto soli.

Con la cabina e i passeggeri preparati, era giunto il momento dell'avvicinamento per l'atterraggio di emergenza sulla pista. Potevamo vedere tutti i camion dei pompieri e i veicoli di soccorso che ci aspettavano, con i loro addetti, anche loro senza dubbio preoccupati per quello che stava per accadere.

Questo fu il momento in cui il comandante, Tony, si rivolse a me e mi disse con calma: "Peter, voglio che sia tu a effettuare l'avvicinamento e l'atterraggio di emergenza".

Non me lo aspettavo. Nei momenti di emergenza, è normale che sia il comandante a prendere il comando e a pilotare l'aereo, proprio come fece il Comandante Sully durante il Miracolo sull'Hudson. Sarebbe facile supporre che Tony stesse abdicando alle sue responsabilità, ma non era affatto così. Qualunque fosse la sua scelta, eravamo tutti nella stessa situazione.

Ripensandoci, la sua richiesta aveva un senso logico. Ecco perché.

Tony aveva diversi aspetti da valutare. Sapeva di essere un comandante molto esperto e capace. Però sapeva anche che, pur essendo perfettamente addestrato e qualificato in tutte le procedure di emergenza, non aveva molta esperienza nel pilotare questo particolare tipo di jet. Riconosceva che io, invece, avevo migliaia di ore di volo su questo aereo, e – fatto significativo – essendo stato valutato con capacità ben al di sopra della media, ero anche uno dei pochissimi piloti selezionati per portare il primo ministro britannico in giro per il mondo per le sue visite di stato. Un altro fattore a favore era una pura coincidenza, ma rilevante: avevo recentemente completato una simulazione di volo di routine per questa specifica emergenza. A conti fatti, Tony decise che era più logico che fossi io a gestire l'aereo, mentre lui si concentrava su darmi il supporto di cui avevo bisogno.

QUANDO L'EGO FA UN PASSO AVANTI

Questa storia in particolare, però, non riguarda me. Riguarda Tony e ciò che gli ci volle per chiedermi di effettuare l'atterraggio di emergenza. Avrà senza alcun dubbio sentito la pressione di mantenere il controllo e di effettuare lui l'avvicinamento. Dopotutto, era lui il comandante, era lui al comando. Come per il resto dell'equipaggio, anche per lui questo avrebbe diminuito almeno un po' la paura. Ogni volta che sei in una posizione di autorità, la paura può generare un motore specifico. Quel motore è l'**ego**.

Ricordate, la paura emerge quando sentiamo che vengono minacciati la nostra vita, il nostro sostentamento, il nostro status o la nostra reputazione. È una reazione naturale. Sopra l'aeroporto di Nairobi, per Tony erano in gioco tutte queste cose.

Quello che è importante è quel che scelse di fare al riguardo. Sarebbe stato perfettamente comprensibile se avesse reagito a quella paura lasciando che il suo ego prendesse il controllo. L'ego avrebbe potuto facilmente dirgli: *tu puoi farcela*, oppure *sei tu il comandante, sei tu la persona migliore per questa situazione*, quando nel profondo sapeva che c'era un'opzione migliore. Allo stesso modo, l'ego avrebbe potuto impedire a Tony di chiedermi di prendere io il comando, per timore che elevarmi e darmi l'opportunità di eccellere avrebbe potuto diminuire il suo status e la sua reputazione.

Che l'ego si presenti in modo forte e determinato, oppure riservato e dettato dall'istinto di sopravvivenza, quando prende il controllo, può influenzare negativamente le nostre decisioni. Iniziamo a *razionalizzare*, accettando o rifiutando qualsiasi input a seconda che si adatti o meno alla narrazione che ci siamo creati, di noi stessi innanzitutto. Stranamente, più razionalizziamo, meno razionali diventiamo.

Ci sono anche altre conseguenze. Quando siamo guidati dall'ego, questo ostacola il progresso. I membri del team presto capiscono che tutto è incentrato unicamente su di noi e su nessun altro, e inizia a venir meno il loro sostegno. All'inizio potremmo non notarlo, ma lo sforzo discrezionale – quando le persone scelgono di fare più di quanto sono tenute a fare – diminuisce. Quando il leader o chiunque in un team è guidato dall'ego, vengono soffocate innovazione e idee.

L'ego non ha posto nella Jumpseat Leadership. Né, del resto, in nessuna relazione sana.

ANTIDOTO CONTRO L'EGO

Esiste un **antidoto contro l'ego**. Viene dall'*amore* per qualcosa, qualcosa che va oltre noi stessi.

Quando attingiamo a questo, mettiamo da parte i pensieri egoistici. Scegliamo invece di agire a beneficio degli altri.

In questo caso, l'antidoto di Tony contro l'ego fu il suo impegno per la sicurezza di tutti coloro che erano a bordo. Nel momento cruciale, egli ritenne che la migliore possibilità che avevamo di sopravvivere all'atterraggio di emergenza fosse quella di dare il comando al suo copilota e supportarlo in ogni modo possibile. Come per ogni transizione dalla paura all'amore, ci volle coraggio.

Tuttavia, lasciare andare l'ego non significa che diventiamo timidi e ci ritraiamo. Al contrario, manteniamo ancora un ruolo di leadership. Ciò che cambia è il modo in cui ci presentiamo. Se Tony fosse diventato debole o esitante nel prendere una decisione, ciò avrebbe influenzato negativamente il resto dell'equipaggio e la fiducia che riponevamo nella nostra capacità di affrontare la sfida. Poiché il nostro comandante fu capace di riconoscere la paura come segnale di avvertimento, fu anche in grado di sopprimere il suo ego e scegliere invece di essere leader con **umile autostima**.

Dire che Tony aveva un'umile autostima significa che Tony era risoluto e concentrato tanto quanto richiesto dalla situazione, ma allo stesso tempo aveva la volontà di ascoltare e di impegnarsi con gli altri membri dell'equipaggio. Creò un ambiente in cui gli altri sentivano di poter suggerire le proprie idee e contribuire, invece di dare l'impressione che lui avesse tutte le risposte. Quando, come equipaggio, esplorammo tutte le opzioni ed arrivò il momento di prendere una decisione, Tony lo fece senza esitazione. Elevando me, il suo copilota, innalzò anche il rispetto che l'equipaggio aveva di lui come comandante. Sapevamo tutti che aveva preso la sua decisione basandosi non su ciò che accresceva il suo status ma piuttosto su ciò che era nel migliore interesse di tutte le persone a bordo. Riconoscemmo tutti il coraggio che gli ci volle.

E come andò l'atterraggio di emergenza? Portai l'aereo in avvicinamento. Poi, a meno di un minuto dall'impatto, sentimmo un rumore metallico che risuonò in tutto l'aereo. Sul pannello davanti a me, la luce rossa diventò verde. Tutte le nostre ruote erano bloccate in posizione di atterraggio.

Fino ad oggi nessuno sa come sia successo, ma accolsi la cosa a braccia aperte ed effettuai uno dei touchdown più fluidi della mia vita.

QUANDO L'EGO SI METTE IN MEZZO

L'emergere dell'ego, ovviamente, non è limitato alla cabina di pilotaggio di un aereo.

Nei primi giorni del 2018 stavo conducendo un workshop per il gruppo dirigente di una delle più grandi aziende al mondo, che aveva diversi dipartimenti molto grandi. La multinazionale stava attraversando delle sfide importanti. Dopo una lunga presenza sul mercato aveva perso il suo splendore e nell'ultimo anno il prezzo delle loro azioni era sceso di oltre il 41%. Se volevano creare un futuro più promettente, dovevano fare le cose in modo diverso.

Per questo workshop riunimmo l'amministratore delegato e tutti i direttori di dipartimento. Fin dall'inizio della sessione, avevo capito dalle dinamiche emerse nella stanza che la paura era appena leggermente celata e che il motore dominante era l'ego. Ancor prima di iniziare, la maggior parte dei direttori si scambiava commenti con lo scopo di screditare gli altri. Uno o due scelsero di fare un passo indietro e rimanere in silenzio, presumibilmente sperando di restare fuori dalla linea di tiro. Non c'era disponibilità a confrontarsi e ad assumersi la responsabilità della situazione in cui si trovava l'azienda. Si trattava in gran parte del fatto che i direttori si incolpavano a vicenda.

L'unica persona nel gruppo che sembrava non avere l'ego in prima linea era l'amministratore delegato. Ma non c'era nemmeno alcun segno di umile autostima da parte sua. In effetti, sembrò passare in secondo piano, apparentemente contento di lasciare che i battibecchi tra le sue persone avessero il sopravvento, anziché intervenire per placarli.

L'umile autostima si fonda sul prendersi un impegno. L'impegno può essere preso solo quando viene dalle nostre *stand*, cioè da ciò che riteniamo veramente importante. Le *stand* diventano vitali quando entriamo in territorio ignoto o quando affrontiamo una crisi. Man mano che il workshop procedeva, mi divenne evidente che, qualsiasi fossero le sue *stand* personali, l'amministratore delegato non le usava come guida per la propria leadership. Era senza timone e andava alla deriva, capace di reagire solo per paura. Quasi a confermare la mia valutazione, a metà del workshop dovemmo fare una pausa di novanta minuti mentre l'amministratore delegato e alcuni altri si occupavano di una crisi di pubbliche relazioni.

Il grosso problema dell'ego è che può diventare rapidamente contagioso. Se qualcuno sceglie di fare il borioso dando libero sfogo all'ego, spesso anche gli altri membri del gruppo sentono il bisogno di fare altrettanto. A meno che non venga tenuta sotto controllo, prende il sopravvento la mentalità del gregge. Coloro che non si uniscono al gruppo rischiano di rimanere emarginati, con la conseguenza che le loro voci non vengono ascoltate e le loro idee non vengono condivise. Il danno collaterale a lungo termine per qualsiasi team può essere devastante. L'ego può essere davvero gravoso.

Tutto questo stava accadendo proprio davanti a me.

Durante il workshop, creai un'opportunità perché i direttori si venissero incontro, mettessero in atto un cambiamento e si prendessero l'impegno per qualcosa che era più grande di loro. L'opportunità dava loro la possibilità di scegliere di usare la paura come catalizzatore del coraggio e di riconnettersi all'amore per ciò che l'azienda rappresentava e alla differenza che essa faceva nel mondo. Se l'avessero colta, l'umile autostima avrebbe cominciato ad emergere, guidandoli fuori dalla crisi in corso. Avrebbe potuto essere l'inizio di una svolta. Purtroppo, scelsero, invece, di continuare la cultura della paura, dominata dall'ego e dal bisogno di trovare qualcuno a cui dare la colpa.

Otteniamo ciò che coltiviamo. Nei dodici mesi successivi, il prezzo delle azioni dell'azienda crollò di un altro 62%. L'amministratore delegato fu espulso tramite l'unanime votazione dagli altri amministratori e si dimise. Ad agosto 2021 né la loro posizione come azienda né il prezzo delle loro azioni si erano ripresi.

Ora, se state leggendo e state pensando *non sono un amministratore delegato, quindi tutto questo è molto interessante ma non si applica a me,* fermatevi un attimo prima di saltare avanti nella lettura.

La leadership è alla portata di noi tutti. Indipendentemente dal nostro ruolo, grado o posizione all'interno di un team, in qualsiasi momento ognuno di noi può scegliere di farsi avanti, mettere da parte l'ego e assumersi una responsabilità. Immaginate per un momento se la persona più chiassosa in quel workshop avesse scelto di usare la propria voce per assumersi la responsabilità della situazione aziendale, per presentarsi con umile autostima. O se la persona più silenziosa nella stanza si fosse basata sulle proprie *stand* per trovare il coraggio di parlare e fermare i battibecchi. Infatti, se basata su una *stand*, la voce meno forte in una stanza può essere la più potente. Un singolo direttore disposto a intervenire avrebbe potuto cambiare le sorti della conversazione e creare lo spazio per fare emergere un futuro completamente diverso, in cui tutti potevano iniziare a dare il proprio contributo. Non dipendeva esclusivamente dall'amministratore delegato.

Avreste avuto l'umile autostima necessaria per superare l'ego?

QUANDO L'EGO CAUSA DISASTRI

Quando l'ego si impossessa di noi nella sua forma peggiore, le conseguenze possono estendersi ben oltre il crollo del prezzo delle azioni. Forse uno degli esempi più noti è dato da quella volta in cui l'ego di una sola persona e l'ambiente da esso creato costarono la vita a cinquecentoottantatré esseri umani, in un incidente che divenne noto come il disastro aereo con più vittime di tutti i tempi.

Il 27 marzo 1977 dense nuvole si stavano accumulando sulla pista dell'aeroporto Los Rodeos di Tenerife, la più grande delle Isole Canarie spagnole, al largo della costa occidentale dell'Africa. Tenerife è una destinazione famosa tra chi cerca un po' di sole invernale, e questo era un periodo dell'anno di traffico aereo molto intenso, con voli di linea e charter che convergevano sull'arcipelago. L'hub principale era l'aeroporto di Gran Canaria, che però quel giorno era stato chiuso a causa di un attentato terroristico al terminal. Di conseguenza, molti voli erano stati dirottati su un'isola vicina, nel piccolo – e ormai molto congestionato – aeroporto di Los Rodeos, conosciuto oggi come aeroporto di Tenerife Norte. Due degli aerei dirottati erano il volo Pan Am 1736 da New York e il volo KLM 4805 da Amsterdam, entrambi jumbo jet. Mentre il volo da un aeroporto all'altro dura solo trenta minuti, con il traghetto il viaggio dura cinque ore.

Le autorità spagnole riuscirono a mettere in sicurezza il terminal di Gran Canaria già dopo poche ore, e a riaprire l'aeroporto. Gli equipaggi di tutti i voli dirottati erano probabilmente impazienti di portare i loro passeggeri fino alla loro destinazione originale. Tra questi, rifornito di carburante e pronto a partire, c'era il volo KLM 4805, e il jumbo jet percorse il tratto di pista per essere pronto per il decollo. Con così tanti aerei a terra e una sola pista di rullaggio, per evitare ingorghi, il controllo del traffico aereo doveva indicare a diversi jet di percorrere la pista di rullaggio prima di svoltare sulla pista principale per il decollo.

Il meteo a Los Rodeos può cambiare rapidamente. Quando il volo KLM 4805 raggiunse la fine della pista, era scesa una fitta nebbia sull'aeroporto. L'equipaggio della KLM e i controllori del traffico aereo nella torre non riuscivano più a vedersi. E non potevano vedere il volo Pan Am 1736, che stava ancora rullando sulla pista.

L'equipaggio della KLM scambiò un confuso messaggio radio per l'autorizzazione alla partenza e iniziò la corsa di decollo. Colpirono l'aereo della Pan Am a circa metà pista. La collisione e la palla di fuoco che si sprigionò uccisero tutti i passeggeri e l'intero equipaggio a bordo del volo KLM, nonché la stragrande maggioranza delle persone a bordo dell'aereo Pan Am.

Quindi, perché accadde?

Come scrive Patrick Smith nel suo libro *Cockpit Confidential*, molti fattori contribuirono all'incidente, tra cui la nebbia, l'impossibilità di vedere l'aereo dalla torre di controllo, e le scarse procedure radio. Tuttavia, la causa principale fu la decisione del comandante della KLM di decollare senza un'adeguata autorizzazione.

Il comandante dell'equipaggio della KLM era Jacob van Zanten. Pilota esperto, al momento dell'incidente, van Zanten era capo istruttore di volo della KLM e a capo della scuola di addestramento aereo della compagnia olandese. Oltre ad essere riconosciuto all'interno dell'azienda come esperto di jumbo jet Boeing 747, era anche "il volto" della KLM, poiché la sua immagine era stata parte di una campagna pubblicitaria della compagnia aerea.

Le trascrizioni della radio e del registratore della cabina di pilotaggio mostrano che, dopo che il volo KLM aveva iniziato la corsa di decollo non autorizzata, il controllo del traffico aereo disse all'equipaggio della Pan Am di riferire quando avessero liberato la pista. Loro risposero: "OK, riferiremo quando l'avremo liberata".

L'ingegnere di volo della KLM lo sentì alla radio e chiese ai suoi piloti: "Ha liberato, quel Pan American?"

Van Zanten rispose: "Certamente!" e continuò il decollo.

Il primo ufficiale, Klaas Meurs, non contestò la decisione del comandante di partire, e anche van Zanten non ascoltò il tentativo di intervento dell'ingegnere di volo. In qualità di comandante istruttore capo della KLM, van Zanten godeva di uno status quasi di celebrità nella compagnia, ed è improbabile che gli altri membri dell'equipaggio si sentissero in grado di intervenire in modo più assertivo. L'ego di van Zanten era al comando. Lui sapeva tutto meglio di tutti. Se invece fosse stato guidato da un'umile autostima, è probabile che avrebbe ascoltato chi aveva intorno e gli altri si sarebbero sentiti liberi di parlare apertamente. La combinazione dello status e dell'ego di van Zanten, come si scoprì, fu letale.

Il motivo per cui conosco bene questa storia è forse l'unico risultato positivo di questo tragico incidente: il disastro di Tenerife ha contribuito a un'importante evoluzione della formazione dei piloti professionisti. Dagli anni '90, ogni pilota civile e militare riceve istruzioni sulla cosiddetta gestione delle risorse dell'equipaggio, o CRM.

Il CRM ha a che fare con la comunicazione, con il processo decisionale e con la leadership nella cabina di pilotaggio. Un aspetto della formazione è garantire che anche il copilota meno esperto abbia l'autostima necessaria per mettere in discussione le azioni del comandante *senior* se vede o sente che qualcosa non va. Introdotto da un ex pilota della RAF, David Beaty, l'approccio è stato adottato da United Airlines nel 1981 ed ora viene seguito in tutto il mondo.

Quando ero comandante *senior*, ricoprivo anche un alto grado nella mia organizzazione e riconoscevo pienamente come ciò potesse influenzare negativamente la volontà di un copilota *junior* di parlare apertamente durante il volo. Quindi, prima di ogni volo con un nuovo pilota, gli ricordavo che il suo compito era monitorarmi attentamente e richiamarmi se pensava che avessi commesso un errore o mi fosse sfuggito qualcosa. Dando loro questa autorizzazione, non solo si sono promosse le *best practice*, ma si è anche alzato il livello dell'impegno del copilota e si è incoraggiato il suo contributo. In altre parole, lo ha elevato.

MA TOP GUN, ALLORA?

Forse alcuni di voi ricordano come venivano raffigurati i piloti di caccia nel film di Hollywood del 1986 *Top Gun* con Tom Cruise. L'ego sembrava far parte della psiche del pilota di caccia. È un buon film d'azione, ma mentre i piloti di caccia devono credere nelle proprie capacità, la realtà è che questa convinzione si ferma ben al di sotto dell'ego sfrenato.

Naturalmente, durante l'addestramento di volo militare, c'era qualche tirocinante il cui ego sembrava così grande da precederlo quando entrava in una stanza. Questi erano i tipi che tendevano a progredire con più difficoltà. Volare in formazione con altri jet per portare a termine una missione richiede il massimo livello di lavoro di squadra. Non è un gioco da solista.

Nella mia esperienza, i migliori piloti di caccia – quelli di cui mi fidavo per coprirmi le spalle e con cui avrei voluto volare – l'ego se lo erano lasciati dietro, ed erano stati leader con umile autostima. In più, tendevano ad essere quelli che sopravvivevano in una lunga carriera ricoprendo quello che poteva essere un ruolo pericoloso.

LASCIARE ANDARE L'EGO

Alla base del nostro viaggio verso la Jumpseat Leadership c'è l'intento di elevare gli altri in modo che possano crescere e prendere l'iniziativa. L'obiettivo è dotarli degli strumenti necessari per poter alla fine passargli il comando e fare un passo indietro. Possiamo farlo solo se siamo disposti a lasciare andare l'ego e a essere invece leader con umile autostima. Prima lo facciamo, maggiori saranno i progressi che faremo anche come team o come organizzazione.

Se scegliamo di non lasciare andare l'ego, questo finirà per ostacolare l'innovazione e l'impegno di coloro che ci circondano. Di fronte all'ego di un leader o di qualcun altro nel team, le persone ritireranno il loro contributo, come è accaduto drammaticamente sul volo KLM 4805; oppure saranno leader facendo inutili questioni e sentendo il bisogno non costruttivo di trovare qualcuno a cui dare le colpe, come fecero i direttori della multinazionale il cui prezzo delle azioni era crollato drasticamente.

In ogni caso, la performance ne risente, le persone saranno sempre più disincantate e, quando sarà il momento opportuno, se ne andranno. In situazioni estreme, possono essere le persone a pagare il prezzo più alto.

La sfida di lasciare andare l'ego in un ambiente di lavoro diventa sempre più difficile man mano che acquisiamo maggiore competenza ed esperienza nel nostro campo. L'ego può facilmente essere stimolato quando sentiamo che sono minacciati il nostro status, o la nostra reputazione per cui abbiamo lavorato tanto duramente. Ci siamo passati tutti: la reazione sembra salire dalla pancia, soprattutto quando qualcuno mette in discussione la nostra autorità, conoscenza o capacità. Ciò farà sì che le opportunità vengano perse o che semplicemente non si materializzino nemmeno.

Il segreto, qui, è riconoscere che questa sensazione deriva dalla paura, e avere il coraggio di riconnettersi a qualcosa che va oltre noi stessi. Il modo sicuro per farlo è di concentrarsi sull'elevare gli altri a beneficio di una causa più grande, proprio come fece Tony durante il nostro avvicinamento all'aeroporto di Nairobi, quando tutti dovevamo arrivare a terra sani e salvi. Per fare questo in modo efficace ci è necessario avere un'umile autostima.

L'ego – la sua presenza o assenza – è un aspetto vitale del modo in cui gli altri ci vedono come leader e come persone. Ciò che ci guida dall'interno, qualsiasi cosa sia, e il modo in cui veniamo percepiti dal nostro team o da chi ci è intorno – che dipende da come ci presentiamo – possono essere due cose davvero molto diverse. Questo è un aspetto della leadership che non sempre mi è stato chiaro, come leggerete nel prossimo capitolo.

CONSIDERATE QUESTO

In qualunque fase sia la nostra carriera o la nostra vita, l'ego può alzare la testa e distorcere il modo in cui siamo leader. Praticare l'umile autostima aiuta a mantenere l'ego al suo posto.

◆ **IMPARARE A VOLARE**

Considerate questo: tenete presente che l'ego può insinuarsi nel nostro agire quando meno ce lo aspettiamo.

Per proteggervi da questa possibilità, assicuratevi di non permettere alla paura di dominare, agite a beneficio di qualcosa più grande di voi stessi, e continuate ad ascoltare chi vi circonda.

La prossima volta che vi sentite minacciati, fermatevi prima di reagire e prendetevi un momento per capire da dove proviene la paura. Vi stanno davvero mettendo in discussione o stanno cercando di dare un contributo? Cosa accadrebbe se sceglieste di elevarli?

◆ **VOLARE**

Considerate questo: notate quando l'eccessiva fiducia nelle vostre capacità vi impedisce di ascoltare il contributo degli altri.

Ricordate a voi stessi che c'è sempre qualcosa da imparare, anche quando pensate di sapere come vanno fatte le cose.

La prossima volta che siete in una riunione e iniziate a sentire che le tensioni aumentano, correte il rischio e infrangete la mentalità del gregge prima che questa emerga. Riformulate la posizione che tutti condividete e, se necessario, aiutate tutti a vedere come ciascuno dei loro punti di vista individuali rafforzi quella posizione.

- **INSEGNARE AGLI ALTRI A VOLARE**

Considerate questo: siate consapevoli che la vostra anzianità e la vostra esperienza potrebbero inibire gli altri dal suggerire un approccio diverso.

Incoraggiate un ambiente di apprendimento continuo, che includa anche voi.

La prossima volta che state lavorando con il vostro team per portare a termine un progetto, sfidate voi stessi a essere un esempio di umile autostima. Create un ambiente in cui gli altri possano contribuire con le loro idee durante il processo decisionale.

- **PRATICARE LA JUMPSEAT LEADERSHIP**

Considerate questo: dovreste essere abituati a riconoscere le situazioni in cui l'ego potrebbe dirottarvi.

Man mano che affidate sempre più la leadership ad altri, riconoscete anche che il vostro ego può ancora divampare e prendere il sopravvento, soprattutto quando accade qualcosa che minaccia la vostra reputazione. Questo è il momento di assicurarvi che a guidarvi sia l'umile autostima.

La prossima volta che vi viene chiesto di assumere la leadership per qualcosa, cercate di vedere chi altro potrebbe trarre vantaggio da questa opportunità, suggerite che sia questa persona ad assumere la leadership, quindi fate tutto ciò che è in vostro potere per sostenerli e incoraggiarli mentre affrontano la sfida.

Capitolo 8

Il modo in cui veniamo percepiti

Uno degli onori più grandi come ufficiale della Royal Air Force è quello di vedersi assegnato il comando di un *flying squadron*. A rendere speciale questa cosa non sono solo le persone che ti vengono affidate, c'entrano anche la storia, il sacrificio e l'eredità di tutti coloro che ti hanno preceduto.

Uno *squadron* è l'unità combattente della RAF. Anche se la composizione esatta dipende dal ruolo dello *squadron*, esso può comprendere fino a diverse centinaia di membri dell'equipaggio, inclusi piloti, altre figure specializzate, ingegneri di manutenzione e supporto amministrativo. Ad uno *squadron commander* vengono assegnati anche aerei, edifici e infrastrutture aggiuntive, alcune delle quali possono essere condivise con altri *squadron*.

Ricordo quando da giovane ufficiale guardavo l'elegante targa di legno laccata e lucida che stava appesa alla parete del quartier generale dello Squadron 101. In lettere dorate e accuratamente disposte, c'erano elencati tutti i *commanding officer* dello *squadron* da quando l'unità era stata costituita, il

12 luglio 1917, come parte del Royal Flying Corps, il precursore della Royal Air Force.

Il primo individuo di quella lista era il magnificamente titolato Major The Honorable Laurence John Evelyn Twisleton-Wykeham-Fiennes. Nato nel 1890, era il terzo figlio di Geoffrey Cecil Twisleton-Wykeham-Fiennes, diciottesimo barone Saye e Sele, e in quanto tale, era un Pari del regno e faceva parte dell'antica nobiltà inglese.

Il castello di Broughton, completo di fossato e casetta di guardia, fu costruito nel 1300 e rimane ancora oggi la residenza della famiglia. Pensate a Downton Abbey e ci andrete vicini. I membri attuali di questa famiglia includono Sir Ranulph Fiennes, il famoso esploratore britannico, e Ralph Fiennes, l'attore vincitore dell'Oscar, che tendono entrambi a utilizzare queste versioni abbreviate dei loro nomi, presumibilmente per risparmiare tempo e inchiostro.

Lunedì 23 luglio 2001, quando alzai lo sguardo verso la stessa targa, vidi anche il mio, di nome. Il venerdì precedente ero diventato il 55° *commanding officer*. Ciò mi faceva sentire esaltato e un po' intimorito allo stesso tempo: ero fin troppo consapevole dei risultati ottenuti da coloro che mi avevano preceduto. Lo *squadron* aveva perso molti giovani coraggiosi nelle battaglie delle due guerre mondiali. In effetti, dato il suo compito particolarmente pericoloso di disturbare le radio nemiche durante la Seconda Guerra Mondiale, lo *squadron* detiene il primato per il maggior numero di vittime rispetto a qualsiasi unità della RAF durante quel conflitto. Il motto dello *squadron*, *mens agitat molem*, che si traduce letteralmente *lo spirito vivifica la materia*, può essere letto come *l'importanza superiore della mente rispetto alla materia*, che ci dà più di un accenno di ciò che sicuramente sarà stato necessario per andare avanti nella tragedia di tali perdite.

Ora toccava a me essere al timone del capitolo successivo dell'unità. Quella mattina non immaginavo che due anni dopo avrei guidato un quadro di giovani uomini e donne nuovamente sul campo, perché facessero la loro parte nella guerra in Iraq. Ma quel giorno del 2001, avevo una preoccupazione più immediata: il mio primo discorso a tutto il personale dello *squadron* da quando avevo preso il posto del mio predecessore. In effetti, in quel momento, si stavano radunando tutti nella sala riunioni lì accanto, in attesa.

UN GRANDE ERRORE

Mentre riordinavo le idee su cosa includere nel mio discorso, c'era qualcos'altro che mi preoccupava. Non riuscivo a togliermi dalla mente l'immagine dell'uomo che mi aveva preceduto, Ian, che aveva brillantemente comandato lo *squadron* negli ultimi due anni e mezzo. Ian era un aviatore eccezionale e si era distinto alla guida dello *squadron* durante il recente conflitto del Kosovo, per il quale era stato insignito dell'Ordine dell'Impero Britannico da Sua Maestà la Regina. Abile narratore, era anche la vita e l'anima di ogni festa. Tutti avevano il massimo rispetto per Ian. Sembrava soddisfare qualsiasi requisito, e sapevo che ne avremmo sentito la mancanza. Stavo quindi soffrendo di un attacco di sindrome dell'impostore e dubitavo seriamente di come avrei potuto prendere il suo posto. In quel momento, pensai che sarebbe stato più semplice sostituire Major The Honorable Laurence

John Evelyn Twisleton-Wykeham-Fiennes – almeno il mio nome era più breve!

Guardandomi indietro, mi viene un piccolo brivido ricordando come affrontai il mio discorso ai componenti dello *squadron* quella mattina. Il problema non erano le cose che dicevo o le parole che usavo. Il problema era *la persona che ero* mentre le dicevo. I miei dubbi su me stesso mi spinsero a cercare di rispecchiare quello che vedevo in Ian, cioè la mia esperienza di lui come persona. In qualche modo c'era una logica: dopo tutto, perché non emulare qualcuno che aveva avuto molto successo quando aveva ricoperto il mio ruolo? Perché cambiare qualcosa?

Sii semplicemente come lui, diceva la voce nella mia testa.

Naturalmente, qualunque sia stato il modo in cui mi proponevo – quello che *arrivava* – alle mie persone sedute di fronte a me nella sala briefing, non aveva niente a che vedere con Ian. Il problema era che il modo in cui mi stavo proponendo non assomigliava neanche al vero me. Fu una recita – una recita altrettanto fastidiosa per me quanto probabilmente lo fu per le persone presenti. Ero caduto nella trappola di sentire che dovevo cambiare per affermare il mio potere e il mio controllo nel mio nuovo ruolo. Ero diventato una diversa versione di me stesso. Proprio come un Rolex falso non potrà mai essere uguale a quello vero, può darsi che assomigliassi al Peter Docker di sempre, ma c'era qualcosa che non tornava.

Tutti riusciamo a percepire istintivamente quando c'è uno scollamento tra come una persona si comporta e quello che è nel profondo. Potremmo non riuscire ad esprimere a parole quella sensazione, ma sapremo sempre se percepiamo che qualcosa non va. E quando questo accade, la fiducia è la prima cosa che svanisce.

TORNARE ALLA CHIAREZZA

Nelle settimane che seguirono, mi rendevo conto che le persone del mio *squadron* avevano difficoltà a capire come relazionarsi con me. Alcuni di loro mi conoscevano dal passato, prima che diventassi il capo, e probabilmente erano inconsciamente confusi riguardo alla persona che vedevano adesso e non riconoscevano. L'atmosfera incerta rendeva imbarazzanti le conversazioni e la leadership ancora più impegnativa.

Mi ci vollero circa sei mesi per rilassarmi nel mio lavoro, scrollarmi di dosso la paura di fallire e costruire l'umile autostima necessaria per essere me stesso.

Cominciai a portare la mia umanità e il mio carattere nel ruolo invece di nascondermi dietro l'immagine di chi pensavo di dover essere. Questo a sua volta permise ad altri di connettersi meglio con me, e la fiducia iniziò a ristabilirsi.

Il segreto di questo cambiamento fu di tornare alle mie *stand*, quelle cose che sentivo davvero importanti.

Una *stand* in particolare mi rese consapevole dell'aspetto su cui dovevo focalizzarmi: il potenziale delle persone e l'importanza di dar loro l'opportunità di crescere e raggiungere quel potenziale. Iniziai a dedicare la maggior parte del mio tempo a individuare le capacità e i talenti di coloro che facevano parte delle mie persone, e ad aiutarle a crescere. Invece di preoccuparmi di come sarei potuto risultare nel paragone col mio predecessore, mi concentrai su come potevo aiutare a far crescere e sostenere coloro che avrebbero potuto prendere il mio posto in futuro.

Anche se non le azzeccavo sempre tutte, la storia che ho raccontato nel primo capitolo suggerisce che la mia tendenza generale andava nella giusta direzione: Simon, Phil e Al sono successivamente diventati tutti *squadron commander*. Inoltre c'erano Dan, Jamie, Kevin e Steve – anch'essi *junior officers* del mio *squadron* all'epoca – che salirono tutti al comando del proprio. Molti di quegli uomini, da allora, sono stati promossi ulteriormente, superando il grado che ricoprivo io quando mi ritirai dal servizio.

Guardandomi indietro, quello che ho visto in ognuno di loro è stata la capacità e la volontà di elevare gli altri e non concentrarsi solo su se stessi. Hanno mostrato il coraggio necessario per assumersi la responsabilità di situazioni difficili, correre incontro alle sfide e superare le battute d'arresto. In altre parole, ognuno di loro ha dimostrato aspetti di ciò che ora chiamo Jumpseat Leadership.

Tutto quello che questi ufficiali hanno ottenuto è stato raggiunto in base ai loro meriti, sostenuti dalle opportunità derivanti dall'elevato numero di operazioni che abbiamo svolto in quel momento e dal ruolo del nostro *squadron*. Ma credo di essere stato in grado, come loro *commanding officer*, di dare loro lo spazio di cui avevano bisogno. Ciò è diventato possibile solo quando ho abbracciato chi ero come essere umano e ho smesso di cercare di essere qualcun altro.

INTEGRITÀ ANZICHÉ AUTENTICITÀ

Da giovane che stava per terminare la scuola ufficiali, ricordo di aver ricevuto alcuni consigli sulla leadership. Era semplice: *sii te stesso*. All'epoca non credo di aver compreso appieno l'importanza di queste parole. Tutti noi impieghiamo tempi diversi per comprendere veramente questo concetto. Si inizia con il capire chi siamo come persone, quali sono le nostre *stand*, e imparando a essere leader di noi stessi.

Per tutti noi, questo processo inizia nell'adolescenza e continua mentre ci relazioniamo con il mondo e sperimentiamo la vita. Ogni volta che poi ci troviamo in un team o a essere leader di qualcuno, in una gamma di situazioni che vanno da una qualsiasi situazione lavorativa ad essere genitori o mentori, è fondamentale che questa chiarezza venga portata in primo piano. Aiuta gli altri a relazionarsi meglio con noi. Costruisce fiducia e, di conseguenza, riusciamo a raggiungere maggiori risultati. L'importanza di essere me stesso era certamente un valore che sembravo aver temporaneamente dimenticato quando presi la guida del mio *squadron*. Molto tempo prima nella mia carriera, quando ero pilota in prima linea, mi sentivo a mio agio con me stesso. Quando poi sono diventato *squadron commander*, inizialmente sono stato distratto dal peso delle aspettative altrui che mi sentivo addosso: la paura di sbagliare o deludere le persone. Più occhi abbiamo puntati addosso, più può essere difficile rimanere fedeli a noi stessi.

Quando siamo noi stessi, si potrebbe dire che siamo **autentici**: le nostre parole e azioni corrispondono a chi siamo, a come ci sentiamo e a ciò in cui crediamo. Questa dovrebbe essere sempre una buona cosa, giusto?

Non sempre.

Come osserva con straordinaria perspicacia l'autore americano Seth Godin, essere completamente autentici è un diritto a cui dovremmo rinunciare quando abbiamo circa dieci anni. I bambini molto piccoli piangono quando hanno fame. Quelli poco più grandi urlano e strepitano quando non ottengono ciò che vogliono. Entrambe queste reazioni sono completamente autentiche. In ogni caso, il comportamento riflette come si sente la giovane persona. Ma man mano che maturiamo e diventiamo consapevoli di come le nostre reazioni possono influenzare gli altri, dobbiamo applicare un filtro. Questo filtro è l'**integrità**.

In questo contesto, l'integrità consiste nel mitigare quella che altrimenti potrebbe essere la nostra reazione autentica, considerando innanzitutto quelle che sono le nostre *stand* e, soprattutto, il beneficio di coloro che ci circondano. Ad esempio, non ci aspettiamo che un medico parli di quanto sta male mentre comunica la notizia di una malattia terminale. Non farebbe il beneficio del paziente. Allo stesso modo, come *force commander* durante la guerra in Iraq, non sarebbe servito al beneficio delle mie persone se avessi condiviso le mie preoccupazioni per i giorni che ci aspettavano. Quegli uomini e quelle donne si rivolgevano a me per avere guida e direzione, non esitazione e dubbio, entrambi i quali avrebbero probabilmente alimentato le loro stesse paure. In un ambiente domestico, se non riuscissimo a dormire di notte per la prospettiva di perdere il lavoro e di non essere in grado di pagare il mutuo, la maggior parte di noi sceglierebbe di non condividere quell'ansia con un bambino di sei anni.

Come sottolinea la mia amica Marian Stefani, affermata leader nel suo settore, dobbiamo offrire alle persone del nostro team coerenza nel modo in cui ci comportiamo. Lo stesso vale per noi genitori se vogliamo che i nostri figli sviluppino il senso di giusto e sbagliato. Questa coerenza si costruisce meglio sulle nostre *stand*, poiché forniranno una base solida che ci servirà sia in tempi normali che in tempi di crisi. Praticare la coerenza ci richiede di avere il filtro dell'integrità al suo posto, indipendentemente da come ci sentiamo.

FEEDBACK CON INTEGRITÀ

L'integrità è vitale anche quando diamo feedback. Sul posto di lavoro sento spesso il concetto di dire alle persone la *brutale verità*. È una frase tipicamente riservata a quando un manager o un collega sente il bisogno di fare una conversazione difficile con un membro del team riguardo alle sue prestazioni o al suo comportamento. O magari quando dichiara in seguito di *avere comunicato in modo diretto*. Sebbene dire la verità non filtrata possa essere autentico, manca di integrità se si tratta più dello sfogo di un manager o di un collega, piuttosto che di operare a beneficio dell'altro individuo e del team.

Allo stesso modo, come genitore riconosco i momenti in cui, negli anni passati, mi sono sentito frustrato per la pagella scolastica di uno dei miei figli o per una scelta che avevano fatto. Ho imparato presto che se reagivo immediatamente secondo i miei sentimenti autentici, anche se a volte l'opzione fosse allettante, difficilmente avrei ottenuto i risultati migliori, per quanto razionalizzassi in seguito. Prima dovevo fare un bel respiro e assicurarmi che ciò che avrei detto loro, affrontando la realtà della situazione, avrebbe anche mantenuto vive la speranza e la possibilità. L'amore severo va bene, purché sia veramente a beneficio di chi riceve, e non solo un modo per sfogarci.

Essere autentici è spesso una reazione. Essere leader con integrità è una risposta.

ESSERE INVITATI

Come facciamo a sapere se come individui, e in particolare in un ruolo di leadership formale, abbiamo costruito delle fondamenta basate sull'integrità?

I rapporti che abbiamo con le persone diventano più forti. Loro si sentono a loro agio in nostra presenza anziché essere intimiditi dal nostro rango o dalla nostra posizione. La paura diminuisce e viene sostituita da una cultura di apertura e possibilità.

Torniamo per un momento a San Francisco e alla storia di Calum, il comandante appena qualificato. Ricorderete che Calum mi aveva invitato a sedermi sul jumpseat per il decollo. Soffermiamoci un attimo su questo, perché tutto si basa su quell'invito. Invitarmi a sedermi sul jumpseat era una richiesta insolita. Dopotutto, sarebbe facile supporre che, come un adolescente che ha appena preso la patente ed è in grado di guidare senza supervisione, Calum sarebbe stato felice di liberarsi di me. Dopo aver accettato il suo nuovo ruolo di comandante, era finalmente abilitato a svolgere il suo lavoro senza che qualcuno osservasse quello che faceva da dietro le sue spalle. Ma Calum non mi vedeva come un rivale o una minaccia. Mi vedeva come parte della sua squadra.

Potremmo interpretare il suo invito come un segno che gli mancava autostima e voleva avere vicino qualcuno più esperto che supportasse le sue decisioni. Anche se questo non era il caso di Calum, invitare il suo superiore a tornare nella cabina di pilotaggio fu una decisione coraggiosa. Il resto dell'equipaggio avrebbe potuto facilmente vederla come una messa in discussione della sua autorità di comandante.

Tuttavia, mi rendevo conto che Calum si sentiva completamente a suo agio nell'invitarmi nella cabina di pilotaggio. Allo stesso modo, mi sentii completamente a mio agio ad accettare ed entrare a far parte della *sua* squadra, di cui era *lui* alla guida. Questo rifletteva il tipo di rapporto che avevamo, l'impegno che condividevamo e il nostro rispetto reciproco. Niente di tutto questo nacque in quel preciso momento. Era stato costruito su fondamenta posate molto prima che mettessimo piede sull'aereo quel giorno.

Come per tutti i rapporti, i più generativi tendono ad essere quelli sviluppati nel tempo. In particolare, quello che conta è l'accumularsi dei momenti passati insieme, che potrebbero durare solo pochi minuti o addirittura secondi. Potrebbe trattarsi di un breve scambio di opinioni davanti a un caffè, della condivisione di una corsa in taxi, o di un pranzo di lavoro seduti su una panchina del parco. Il legame si rafforza ulteriormente se superiamo insieme alcune avversità, come ad esempio attraversare di corsa una lunga fila di controlli di sicurezza in aeroporto e riuscire a prendere il nostro volo per il rotto della cuffia.

Lì per lì questi momenti possono sembrare irrilevanti, ma messi insieme aiutano a modellare l'immagine che abbiamo dell'altra persona. Iniziamo a imparare quali sono le sue *stand* e come interagisce con gli altri e con le diverse situazioni. Parte di ciò che raccogliamo in questi momenti lo elaboreremo consciamente e lo archivieremo, mentre una gran parte verrà assorbita dal nostro subconscio. Man mano che la nostra immagine dell'altra persona cresce, cresce anche la nostra comprensione di ciò che è importante per lei e di quelle che sono le sue *stand*. Se ciò che vediamo coincide con le nostre *stand*, emerge la fiducia.

Calum e io avevamo costruito una base di fiducia, che a lui permise di essere un leader guidato da un'umile autostima, e a me permise di avere l'umile autostima necessaria per fare un passo indietro e seguirlo.

ESSERE RILEVANTI

Verso la fine dell'estate del 1977, le due sonde per lo spazio profondo della NASA, denominate Voyager 1 e 2, furono lanciate da Cape Canaveral per iniziare il loro viaggio alla scoperta del nostro sistema solare e oltre. Entrambe le sonde sono ora entrate nello spazio interstellare, viaggiando a oltre 35.000 miglia orarie. Incredibilmente, le sonde impiegheranno quarantamila anni per avvicinarsi a un altro oggetto: una stella distante. Anche allora, quella stella sarà ancora a circa novemila miliardi di miglia di distanza. È sconcertante.

I Voyager furono in grado di lasciare il nostro sistema solare a causa di quelli che a quel punto erano i minuscoli granelli chiamati Terra, i pianeti ad essa vicini e il Sole. Per quanto insignificanti fossero ormai le dimensioni di quei corpi celesti, fu la forza gravitazionale combinata di molti di essi che permise alle sonde di acquisire velocità sufficiente per continuare il loro viaggio. Anche la Terra e il Sole aiutarono le sonde a navigare.

Per me, l'effetto dei pianeti del nostro sistema solare sulle sonde Voyager è simile all'effetto che possiamo avere sulle persone. Come leader e colleghi, siamo tentati di concentrarci solo sugli eventi principali, come il completamento di grandi progetti o il raggiungimento di traguardi significativi. Questi sono ovviamente importanti, perché una parte fondamentale della leadership e dell'essere parte di un team è realizzare qualcosa che altrimenti non accadrebbe. Ma come Jumpseat Leader, che lungo il percorso e ad ogni livello eleviamo gli altri perché possano alla fine assumere la leadership, dobbiamo considerare che sono i momenti piccoli, quelli apparentemente insignificanti, ad essere i più importanti. Sono gli scambi individuali che abbiamo con le persone che possono avere l'impatto più duraturo sul modo in cui esse trovano la loro strada e raggiungono più velocemente il loro potenziale. Di solito, a nostra insaputa, quei momenti continueranno a influenzare ciò che quelle persone realizzeranno successivamente, molto tempo dopo la nostra scomparsa.

Tutti ricordiamo le persone del nostro passato che hanno avuto una grande influenza sulla nostra vita, inclusi i genitori, gli insegnanti, i mentori, gli amici o i colleghi di lavoro. C'è un'alta probabilità che essi non si rendano conto dell'effetto che hanno avuto su di noi. È come se fossero stati un pianeta del sistema solare, totalmente ignaro della propria influenza su Voyager 1 e 2. Per loro, ciò che hanno detto o fatto potrebbe essere stato insignificante e rapidamente dimenticato.

MOMENTI FUGACI

Fra i trenta e i quarant'anni, ho lavorato per alcuni anni al Ministero della Difesa, o MoD, a Londra. Il Ministero della Difesa svolge un ruolo simile a quello del Pentagono e del Dipartimento della Difesa degli Stati Uniti, e mentre ero lì ho contribuito a sviluppare e attuare la politica di difesa del governo. Per circa diciotto mesi ho avuto il privilegio di lavorare a stretto contatto con l'allora Brigadier Jim Dutton, un Royal Marines Commando. In seguito sarebbe diventato Lieutenant General Sir James Dutton KCB CBE, nominato cavaliere da Sua Maestà la Regina e nominato suo rappresentante come governatore di Gibilterra, sebbene lui continuasse a farsi chiamare Jim. Era il mio capo e di due gradi superiore a me quando entrambi prestavamo servizio al Ministero della Difesa, anche se sembrava sempre che fossimo colleghi.

Da ogni punto di vista, Jim era – ed è tuttora – un leader straordinario. Una rapida ricerca su Internet rivelerà i suoi numerosi successi. Ma per me c'è stato un momento fugace che ha sintetizzato tutto.

Jim era appena uscito dal suo ufficio e si stava dirigendo a tenere un importante briefing al primo ministro. Mi trovavo nel corridoio nello stesso momento, e lui si fermò mentre stava per sorpassarmi. Aprendo la cartella dei documenti che teneva in mano, mi chiese il mio punto di vista su una delle questioni chiave. Ora, qualunque fosse l'argomento non riesco a ricordarlo, e chissà se ha poi utilizzato il mio input. Ma non è questo il punto. È stato il modo in cui ha ascoltato attentamente la mia risposta che mi è rimasto impresso.

In quel momento, Jim mi ha elevato. Mi sono sentito ascoltato, e quando le persone si sentono ascoltate, tendono a dare di più. Lo sforzo discrezionale – l'energia che le persone scelgono di mettere nel proprio lavoro – aumenta. Il momento durò meno di venti secondi, ma rafforzò la mia voglia di dare di più a Jim come leader. Inoltre mi ha ispirato a cercare opportunità per mettere in pratica lo stesso approccio ogni volta che ero io leader, sia quotidianamente con i miei colleghi che successivamente in un ruolo più formale.

Sebbene quei momenti fugaci ma significativi possano essere creati da coloro che sono più anziani di noi, possono anche provenire da coloro di cui siamo leader. La cosa più toccante per me è stato un breve scambio con uno dei miei ingegneri addetti alla manutenzione degli aerei al nostro ritorno dalla guerra in Iraq nel 2003.

Eravamo appena tornati alla nostra base nel Regno Unito, dopo diversi mesi di permanenza nel deserto dell'Arabia Saudita. Amici e parenti, tanto impazienti di abbracciare i propri cari, ci stavano dando un caloroso benvenuto e si stavano affollando attorno ai nostri tre aerei mentre scendevamo dalle scalette. Ci fu qualche spinta con i giornalisti, altrettanto desiderosi di catturare le nostre reazioni e di assicurarsi un'intervista per il telegiornale della sera.

Alla fine, una volta completati i ricongiungimenti, la folla iniziò a disperdersi mentre ci dirigevamo tutti verso casa. Caricai le valigie in macchina e stavo per partire, quando sentii bussare al finestrino. Alzai lo sguardo e vidi John, uno degli ingegneri che era stato in missione con me. Sotto un braccio teneva la moglie felice in lacrime e, con l'altro stretto stretto, teneva il figlio neonato, che aveva appena conosciuto per la prima volta. Abbassai il finestrino e gli chiesi cosa potessi fare per lui. John mi guardò con un grande sorriso sul viso e disse: "Signore, voglio solo dirle... grazie per averci riportato tutti a casa sani e salvi".

Mi sento piuttosto commosso mentre scrivo di quel momento, poco più di diciotto anni dopo. Allora, tutto quello che riuscii a fare fu di ricambiare il suo sorriso e emettere un rapido "Prego" prima di andarmene. L'immagine di questa famiglia in piedi davanti al finestrino della mia macchina, i sacrifici che avevano fatto e le semplici parole di John si univano per sottolineare con forza il risultato più grande del tempo in cui fui leader durante quel conflitto: tutti tornarono a casa. Dubito che John ricordi quel momento o le parole che disse. Io li ricorderò per il resto della mia vita.

IN CHE MODO MI STO PROPONENDO?

Avevo completato un workshop per un gruppo numeroso a Melbourne, in Australia, ed era ora di prendere il volo per Sydney per prepararmi per il mio prossimo evento. Purtroppo, quando arrivai in aeroporto, mi trovai di fronte ad una scena caotica.

Era venerdì sera, e diverse migliaia di passeggeri erano impazienti di tornare a casa a Sydney. Molte persone fanno i pendolari tra le due città durante la settimana lavorativa e ci sono molte compagnie aeree che sono più che felici di accoglierli. Soltanto che quel venerdì tutti gli aerei diretti a Sydney erano rimasti a terra. Una vasta fascia di temporali stava investendo la costa orientale del paese, e tutte le partenze per la città erano state bloccate.

Man mano che i ritardi aumentavano, sempre più voli iniziarono ad essere cancellati. I passeggeri frustrati si accalcavano per passare ai voli ancora programmati, e gli animi cominciavano a infiammarsi mentre si svolgevano accesi scambi con gli agenti di imbarco e i rappresentanti delle compagnie aeree. Il fatto che peggiorava le cose era che il tempo a Melbourne era bello, quindi il motivo del disagio non era immediatamente evidente.

Era stata una lunga giornata e decisi di rilassarmi e riporre la mia fiducia negli dèi delle compagnie aeree, che il mio volo alla fine sarebbe stato chiamato. Sorprendentemente, dopo un ritardo di circa tre ore, vidi l'informazione sul tabellone cambiare in "Imbarco immediato" e presto mi ritrovai seduto in prima fila sul Boeing 737 della Qantas, a guardare tutti gli altri passeggeri salire a bordo.

Non invidiavo l'assistente di volo *senior*: l'atmosfera al gate di partenza era piuttosto tesa, ed egli stava per ritrovarsi un aereo pieno di esseri umani irritabili, stanchi e impazienti, che non erano dell'umore giusto per ulteriori contrattempi. So bene, dal punto di vista di un pilota, quanto possano essere frustranti e imprevedibili i ritardi dovuti al meteo, ma generalmente io ero al sicuro dall'altra parte della porta della cabina di pilotaggio. È l'equipaggio di cabina che deve affrontare i nervosismi dei passeggeri.

Quello che non mi aspettavo era la masterclass a cui stavo per assistere su come il modo in cui ci proponiamo può cambiare completamente una situazione e i risultati che ne conseguono.

Ad ogni passeggero che varcava la porta, l'assistente di volo, Matthew, prendeva la carta d'imbarco e lo salutava chiamandolo per nome. Si scusava per il ritardo e spiegava perché il meteo a Sydney aveva rallentato il flusso del traffico. Poi continuava dicendo che il comandante stava caricando più carburante del necessario in caso che le tempeste causassero ulteriori ritardi al nostro volo, e che lui e i suoi colleghi avrebbero fatto tutto il possibile per rendere il viaggio il più svelto e confortevole possibile.

Non era un copione quello che stava seguendo. Matthew modificava leggermente quello che diceva a ciascun passeggero, in modo che suonasse spontaneo ad ogni passeggero successivo. Quando una famiglia di quattro persone salì a bordo, Matthew si accorse che era il settimo compleanno del figlio, quindi si chinò alla sua altezza, si congratulò con lui e gli promise un dolcetto dal carrello degli snack poco dopo.

C'era bisogno che Matthew facesse tutto questo? Per niente. Era frustrato per i ritardi e voleva anche lui solo tornare a casa? Probabilmente sì. Ma affrontare questa situazione con *integrità*, nel suo ruolo di assistente di volo *senior*, non era solo la cosa giusta da fare, ma era anche la più intelligente. Il modo in cui si proponeva e il modo in cui veniva di conseguenza percepito da ogni singolo passeggero ebbero due effetti immediati.

Innanzitutto, il leggero ritardo che Matthew causava alla porta chiacchierando faceva sì che ogni passeggero avesse il tempo di raggiungere il proprio posto e riporre la borsa nella cappelliera senza disturbare gli altri passeggeri. Questo impedì che nascessero discussioni. In secondo luogo, una volta completato l'imbarco, l'atmosfera sull'aereo era completamente diversa da quella al gate di partenza. Tutti sorridevano, erano cortesi e per lo più gentili fra di loro.

Matthew sapeva che questo non era un bene solo per i passeggeri, ma anche per lui e il suo team di assistenti di volo.

Il nostro volo di novanta minuti per Sydney fu prolungato di mezz'ora poiché il controllo del traffico aereo ci tenne in attesa fino a quando il maltempo non si calmò. Non sentii una sola lamentela da parte dei miei compagni di viaggio. L'equipaggio di cabina continuò a mantenere l'atmosfera piacevole e cordiale attraverso il servizio fornito. Riuscii a prendere da parte Matthew durante il volo e a congratularmi con lui per come aveva gestito quello che avrebbe potuto essere un aereo pieno di passeggeri difficili.

"Non esistono passeggeri difficili", rispose Matthew. "È il modo in cui rispondi che li rende difficili".

PENSARE IN PICCOLO

Come rifletteva una volta Maya Angelou, "Ho imparato che le persone dimenticheranno ciò che hai detto, le persone dimenticheranno ciò che hai fatto, ma le persone non dimenticheranno mai come le hai fatte sentire".

Il modo in cui ci proponiamo, e come veniamo percepiti dagli altri, influenza in maniera fondamentale l'esito di ogni situazione. Svolge un ruolo a ogni livello, non solo quando raggiungiamo una alta posizione di leadership. Quando siamo in grado di presentarci con integrità e far sentire a coloro di cui siamo leader che ci prendiamo cura di loro, dimostriamo la nostra umanità. Di solito sono i piccoli momenti – per noi apparentemente irrilevanti – che creano la connessione umana di cui abbiamo bisogno per elevare gli altri e farli sentire ascoltati e visti. Come l'effetto del Sole e dei pianeti sulle sonde Voyager, potremmo essere totalmente inconsapevoli dell'impatto che abbiamo sulla vita degli altri e di come influenziamo il corso della loro vita.

Ogni volta che sentiamo che il nostro team non sta concretizzando tutto ciò che avrebbe potuto, vale sempre la pena chiederci come leader: *in che modo mi sto proponendo che fa sì che coloro intorno a me si propongano come stanno facendo?*

CONSIDERATE QUESTO

Qualunque cosa facciamo è solo metà dell'equazione. Il modo in cui ci proponiamo è altrettanto importante.

◆ **IMPARARE A VOLARE**

Considerate questo: Non viviamo in isolamento. Se vogliamo prosperare nella vita, allora dobbiamo interagire con gli altri.

Il progresso accelera quando abbiamo chiarezza sulle nostre *stand* e investiamo su di esse attraverso quello che facciamo, prestando *al contempo* attenzione a come ci proponiamo verso gli altri. Azzeccate il "modo di proporvi", e l'agire verrà di conseguenza.

La prossima volta che sentirete il peso delle aspettative su di voi, chi sceglierete di proporre? Sceglierete di proporre voi stessi o proverete a essere ciò che pensate che gli altri si aspettino che siate? Una delle due crea fiducia; l'altra no.

◆ **VOLARE**

Considerate questo: se le cose non stanno andando come vorreste, chiedetevi: *in che modo mi sto proponendo che fa sì che coloro intorno a me si propongano come stanno facendo?*

Siate voi stessi. In altre parole, rimanete connessi alle vostre *stand* e cercate coerenza nel modo in cui vi presentate agli altri.

La prossima volta che vi trovate ad affrontare una situazione difficile, scegliete di agire con integrità. Rimanendo coerenti con le vostre *stand*, costruirete maggiore fiducia e le vostre relazioni interpersonali diventeranno più forti.

◆ **INSEGNARE AGLI ALTRI A VOLARE**

Considerate questo: Stabiliamo il tono – il contesto – all'interno del quale le persone cresceranno. Se mostriamo empatia, cura e preoccupazione per i membri del nostro team, essi ne capiranno l'importanza e molto probabilmente si comporteranno anche loro allo stesso modo con gli altri.

Trovate il tempo per i momenti a quattr'occhi apparentemente insignificanti: sono quelli che le persone ricorderanno. Quando le persone si sentono rafforzate ed elevate, trovano l'ispirazione ad assumere una leadership propria e si sentono incoraggiate a dare un maggiore contributo.

La prossima volta che il vostro team si riunisce per sfogarsi, che sia fuori sede o al bar locale, prendetevi il tempo per mostrare a ciascuno di loro che viene ascoltato. Ascoltate. Date spazio ai loro commenti e feedback e fategli sapere come li metterete in pratica. Questo non solo creerà un ambiente in cui si celebra il feedback; tutto il vostro team vorrà contribuire maggiormente.

◆ PRATICARE LA JUMPSEAT LEADERSHIP

Considerate questo: le persone vengono ricordate per il modo in cui hanno influenzato gli altri, non solo per quello che hanno fatto.

Nelson Mandela è conosciuto in Sud Africa come il *padre della nazione* e continua ad essere fonte di ispirazione ancora oggi.

Quando siete Jumpseat Leader, tutto sta meno in ciò che fate e più in come vi proponete. Fate in modo che i membri del vostro team percepiscano davvero il vostro sostegno e il vostro supporto mentre assumono la leadership ed entrano in territorio ignoto. Farà la differenza sia sul momento che nel lontano futuro.

La prossima volta che condividete un momento con qualcuno del vostro team, cercate di tenere presente che potrebbe sembrare un momento insignificante per voi, ma potrebbe significare moltissimo per loro. Come vorreste che ricordassero quel momento?

Capitolo 9

Il genio collettivo

QUANDO BEN RICH divenne capo della sua organizzazione di ricerca e sviluppo, dovette affrontare una sfida scoraggiante. Aveva lavorato per l'uomo che stava sostituendo, Kelly Johnson, da quando era entrato a fare parte del team più di vent'anni prima, e sarebbe stata un'impresa non da poco seguire l'esempio di Kelly. Il predecessore di Ben era amato e rispettato da tutti e, anche nel giorno del suo pensionamento, era ancora intellettualmente acuto e molto più informato sul settore di quanto non lo fosse Ben.

Questo però era l'ultimo dei problemi di Ben. L'organizzazione stessa era in pericolo. Il loro cliente principale era a corto di soldi, gli ordini erano esauriti, e la loro tecnologia era superata dalla concorrenza. A meno che Ben non riuscisse a trovare nuovi progetti, probabilmente sarebbero stati rilevati e smantellati. A tutto ciò si aggiungeva il fatto che il loro lavoro era altamente riservato, al punto che pochissime persone sapevano della loro esistenza. Per questo motivo, il numero dei loro clienti era molto limitato, e non sarebbe stato possibile semplicemente pubblicizzare i loro servizi per raggiungere il volume di attività di cui avevano bisogno.

Meno di cinque anni dopo, Ben aveva ribaltato la situazione e generato guadagni che avrebbero dato alla sua azienda un posto nella lista delle migliori aziende di Fortune 500. E quindi come ci riuscì?

Prima di addentrarmici, facciamo un passo indietro in modo che possa condividere un po' più di contesto.

LA SKUNK WORKS

L'organizzazione di Ben è conosciuta come Skunk Works, il dipartimento di sviluppo altamente segreto della società aerospaziale Lockheed (ora Lockheed Martin). Fondata nel 1943 e ancora oggi operativa, Skunk Works è stata responsabile della progettazione e della produzione di alcuni degli aerei militari più all'avanguardia del mondo, incluso l'U2, a bordo del quale, nel 1960, venne abbattuto il pilota della CIA Gary Powers mentre sorvolava l'Unione Sovietica. Quando Ben ne assunse la direzione, era il gennaio 1975. Durante gli ultimi mesi della lunga guerra del Vietnam, l'interesse politico e pubblico per qualsiasi cosa militare era ai minimi storici. L'attenzione per nuovi progetti, per non parlare dei finanziamenti, era eccezionalmente bassa. Le prospettive erano cupe.

Il più grande concorrente della Skunk Works era il principale avversario globale degli Stati Uniti, l'Unione Sovietica. La corsa agli armamenti tra i due paesi era costante. All'epoca, i sovietici eccellevano nello sviluppo di sistemi missilistici di difesa aerea, lasciando gli Stati Uniti e l'Occidente altamente vulnerabili in caso di conflitto tra le due superpotenze. Durante il culmine della Guerra Fredda, fu l'equilibrio delle capacità militari a mantenere una fragile pace, facendo sì che le tensioni non si surriscaldassero e non sfociassero in un conflitto che avrebbe colpito l'intero pianeta. Inoltre, l'Unione Sovietica esportava la sua tecnologia in molti paesi del mondo, e questo aumentava ulteriormente le tensioni. In parole povere, in una guerra gli aerei americani sarebbero stati abbattuti da missili sovietici altamente superiori.

TEMPO DI LEADERSHIP

In qualità di leader, Ben aveva chiaramente una dura sfida davanti a sé. Ma era il custode della speranza, determinato a far sì che alla sua organizzazione fosse garantito un futuro. Ben si rese conto anche di essere un personaggio molto diverso dal suo predecessore, Kelly, che all'epoca era anche uno dei principali progettisti di aerei del mondo. La leadership di Kelly si era basata sulla conoscenza delle risposte ad ogni problema tecnico e sulla guida delle proprie persone. Sebbene esperto nel suo campo, Ben non aveva quel livello di conoscenza enciclopedica. Aveva bisogno di un approccio diverso.

Nel suo bellissimo libro, *Skunk Works*, Ben ricorda come, nei primi giorni del suo mandato, riunì i suoi capi dipartimento e disse loro che non era un genio come Kelly. Spiegò che sarebbe stato deciso nel dire loro quello che voleva, ma poi si sarebbe tenuto alla larga in modo che potessero andare avanti e fare ciò che aveva chiesto loro. Ben promise anche di tenere lontani i politici e gli ufficiali militari in modo che il suo team potesse concentrarsi sul lavoro da fare. Questa era Jumpseat Leadership applicata.

Poco dopo, lo specialista radar del team, il giovane matematico Denys Overholser, si fece avanti con un'idea. Aveva elaborato una teoria, tratta da un vecchio e astruso documento tecnico sovietico su come gli oggetti riflettono l'energia e di conseguenza non appaiono sugli schermi radar. Propose un nuovo progetto di aereo che avrebbe reso invisibile un velivolo ai radar nemici. L'idea di Denys era così estrema che molti degli specialisti più esperti di Skunk Works pensarono che fosse un'assurdità teorica. Il fatto che la matematica coinvolta potesse essere compresa a malapena da chiunque, compreso Ben, di certo non aiutò il caso. Ben, tuttavia, era convinto che ci fosse del potenziale e scelse di avere fiducia in Denys e di sostenere la sua idea. Disse al suo team di stracciare il manuale della progettazione tradizionale e di capire come dare vita alla teoria di Denys.

L'innovazione si sviluppò mirabilmente.

Il risultato, di straordinario successo, fu l'F117A Nighthawk, che sembrava una sorta di velivolo alieno. Nonostante alcuni intoppi lungo il percorso, la versione finale del Nighthawk fece esattamente ciò che Denys aveva previsto: fu in grado di volare attraverso qualsiasi sistema radar senza essere rilevato. L'F117 aveva reso completamente superflue tutte le avanzate difese missilistiche sovietiche. Nel raggiungere questo obiettivo, la Skunk Works aveva ristabilito l'equilibrio tra le due superpotenze, contribuendo a garantire che la Guerra Fredda rimanesse fredda. Furono costruiti cinquantanove aerei operativi, che generarono sei miliardi di dollari di entrate, consolidando così il futuro del team della Skunk Works.

Ironicamente, come ricorda Ben Rich nel suo libro, quando il progetto Nighthawk era ancora nelle sue fasi iniziali, Kelly vi si riferiva chiamandolo "assurdità teorica". Molto probabilmente, se Kelly fosse stato ancora al comando, l'aereo non avrebbe mai visto la luce.

TRANSIZIONE DELLA LEADERSHIP

La sfida che Ben Rich doveva affrontare quando subentrò alla Skunk Works nel 1975 è la stessa che molti di noi affrontano oggi: come prosperare una volta promossi a un ruolo di leadership in cui non è possibile essere esperti in ogni aspetto del lavoro, consentendo contemporaneamente alle persone del team di dare il meglio di sé.

Questa sfida si verifica per uno dei due seguenti motivi. O, come nel caso di Ben, la specializzazione dei singoli membri del team è così specifica che non abbiamo il tempo o la capacità di apprenderne e comprenderne ogni sfumatura, oppure l'ampiezza della nostra responsabilità è così vasta che è praticamente impossibile mantenere una conoscenza aggiornata di ogni dettaglio. Qualunque sia il caso, la prima volta che ci troviamo in questa posizione, può essere un momento scoraggiante. È anche un momento critico, poiché il modo in cui scegliamo di essere leader accelera o ostacola gravemente i progressi del nostro team. Il problema è che molti di noi non riescono a riconoscere questa transizione, e pochi di noi sono formati per gestirla. Quando passiamo dalla nostra zona di comfort in cui siamo esperti nel nostro campo (che di solito è il motivo della promozione) all'essere decisamente fuori da questa nostra zona di comfort perché non più esperti, è difficile mollare la presa. Va contro il nostro istinto, soprattutto se il lavoro è davvero importante per noi, come quando siamo i fondatori dell'organizzazione o quando il risultato è fondamentale.

Ciò che tende a succedere è che continuiamo a cercare di essere la leadership come se fossimo esperti della materia, oppure finiamo per microgestire e intralciare i nostri collaboratori. Anche Gene Kranz, che fu il leader durante la crisi dell'Apollo 13, cadde in questa trappola all'inizio della sua carriera da direttore delle operazioni di volo. Come ha spiegato in un'intervista per lo Smithsonian National Air and Space Museum nel 2019, la cosa più difficile che ha dovuto fare è stato imparare ad ascoltare. Invece di intervenire e cercare di prendere ogni decisione, ha dovuto rilassarsi fino a sentire di poter fare un passo indietro e consentire ai suoi specialisti di decidere in autonomia. Si è reso conto che il suo compito era rimanere concentrato e mantenere un quadro chiaro di dove stavano andando, imparando a porre le domande importanti anziché preoccuparsi di conoscere la risposta e confidando nella capacità e nella formazione dei suoi collaboratori per capirla.

Ho sperimentato questo tipo di transizione nel 2004, quando fui promosso al grado di *group captain* (equivalente a colonnello dell'esercito o a comandante della marina). Con quella promozione arrivò il ruolo di *senior military lead* per un progetto da tredici miliardi di sterline. Lavoravo a fianco del mio pari nell'amministrazione pubblica Chris Dell, super ingegnoso e molto affidabile, ed entrambi riferivamo a un altro collega dell'amministrazione pubblica, Kevin Jones, sempre calmo e imperturbabile. Il progetto era molto complesso, e nel nostro team avevamo specialisti in ingegneria, infrastrutture, comunicazioni, IT, licenze di esportazione, contratti, diritto, addestramento di volo, operazioni, logistica, finanza e partenariati civili-militari, solo per citarne alcuni.

Semplicemente non c'era modo che potessi acquisire tutte le competenze necessarie per comprendere e prendere ogni singola decisione in tutti questi campi. Anche tentare di farlo sarebbe stato un pessimo uso del mio tempo e avrebbe rallentato l'avanzamento dei lavori.

Invece, il mio ruolo era quello di mantenere tutti concentrati su ciò che intendevamo fare, ascoltare i membri del mio team e cercare di porre le domande importanti. Dovevo anche diventare abile nel fare il punto sulle questioni e identificare ciò che contava davvero in modo da poter informare i ministri del governo e negoziare con i partner internazionali. Fortunatamente, la mia carriera militare fino a quel punto, e soprattutto l'esperienza della guerra in Iraq, mi aveva dato una certa preparazione per questo, ma fu comunque un'ulteriore crescita.

QUELLO CHE CI VUOLE

Affrontare questa transizione in modo efficace ci chiede di essere leader con umile autostima, riportandoci a una componente chiave della Jumpseat Leadership.

Usando Ben Rich come esempio, il suo essere leader con umile autostima consentì il successo del suo team. Senza questo, nulla di ciò che seguì sarebbe stato possibile. Se invece al timone ci fosse stato l'ego, la preoccupazione di Ben per se stesso e per i suoi successi si sarebbe messa in mezzo. La sua leadership sarebbe stata guidata dalla paura: paura del fallimento personale, paura di essere inadeguato, paura di non essere all'altezza del suo predecessore. Invece, quando tenne il suo discorso ai capi dipartimento, al centro dell'attenzione c'era la volontà di Ben di lasciare andare l'ego. Fin dall'inizio, chiarì che lui non era come il vecchio capo, Kelly, né per ingegno né per stile. *Il modo in cui si stava proponendo* Ben, quando diceva queste cose, era importante: quando lasciamo andare l'ego, non significa che cediamo all'insicurezza o alla timidezza. L'ego deve essere sostituito con l'umile autostima.

Mostrare questo grado di vulnerabilità richiese un coraggio immenso, ma così facendo, Ben gettò le basi per il futuro rapporto con il suo team. Aprì la possibilità di far emergere la fiducia del team nei suoi confronti come nuovo leader.

Ben, inoltre, mantenne la concentrazione su ciò che contava davvero: la sopravvivenza dell'organizzazione e il ruolo che questa doveva svolgere nella difesa della nazione. Aveva ben chiaro quali fossero le sue *stand*: le cose che per lui erano importanti. Era pronto a prendere le grandi decisioni che aveva di fronte, guidato dalle informazioni messe a sua disposizione. Mantenne viva la speranza nonostante gli inevitabili intoppi. Soprattutto, incoraggiò gli altri, mostrando fiducia nelle capacità delle sue persone, come Denys Overholser. Creò e mantenne lo spazio affinché potessero fare innovazione e crescere senza continue interferenze dall'alto, da parte sua o di altri.

DARE POTERE AL GENIO COLLETTIVO

L'approccio adottato da Ben Rich è un eccellente esempio di come passare da *essere esperti* a *essere leader di esperti*. È anche un eccellente esempio di come essere leader in situazioni in cui non conosciamo le risposte, come quando ci troviamo ad affrontare un terreno sconosciuto, o siamo dentro una crisi, o mentre cerchiamo di svoltare quando siamo bloccati. Quando ci confrontiamo per la prima volta con questo tipo di situazioni, per definizione nessuno conosce le risposte. Ma collettivamente, un team che ha un buon leader può trovare la soluzione.

Quando limitiamo ciò che il nostro team può fare rimanendo entro i limiti di ciò che noi stessi come leader sappiamo, stiamo ostacolando gravemente ciò che possiamo raggiungere. Il leader diventa la zavorra che frena il miglioramento. Questo vale anche per la nostra vita, quando ignoriamo la saggezza degli altri e scegliamo invece di agire da soli. Tuttavia, quando ci liberiamo della necessità di essere esperti in tutto e impariamo a sentirci a nostro agio nell'essere leader senza conoscere le risposte, non sapere diventa di per sé una forza: non siamo più limitati dalla nostra stessa conoscenza. Invece, ci concentriamo sulla capacità di attingere alla competenza e all'esperienza di chi ci circonda, facendo domande importanti e imparando ad ascoltare. E quando possiamo farlo, la nostra paura dell'ignoto diminuisce. Al contrario, iniziamo a godere dell'opportunità della prossima sfida irrisolta perché siamo fiduciosi che, come team, riusciremo a risolverla. Dando potere ai membri del nostro team, sviluppiamo anche la nostra capacità di Jumpseat Leader.

Richard Branson, l'imprenditore britannico, porta questo approccio a un livello ancora più alto. Come dice lui:

Si tratta di trovare e assumere persone più intelligenti di te. Di convincerli a unirsi alla tua attività. E di dargli un buon lavoro. Poi farsi da parte. E dargli fiducia. Devi farti da parte per poterti concentrare su una visione più ampia.

QUANDO PENSIAMO DI SAPERE

Naturalmente, ci saranno momenti in cui sentiremo di conoscere già la soluzione a un problema o di sapere già come svolgere un compito particolare. Quando mi accade, ripenso a una storia raccontatami una volta da Daryl, un signore distinto e cordiale che conobbi tramite un amico comune poco dopo aver lasciato la RAF. Il lavoro principale di Daryl era quello di *voice coach* per attori famosi. Prima di allora, per molti anni aveva viaggiato il mondo come ricercatissimo accordatore per un produttore di pianoforti a coda da concerto. Aiutare persone e strumenti a trovare la propria voce era chiaramente la sua abilità e passione.

Dopo aver lasciato la scuola a quattordici anni, Daryl aveva iniziato la sua vita lavorativa in una fabbrica di pianoforti a Londra, con il compito di spazzare i pavimenti. Il primo giorno di lavoro entrò nel laboratorio, circondato da splendidi pianoforti in diversi stati di produzione, e iniziò a spazzare. Dopo solo pochi colpi, uno degli artigiani che stava lavorando ad un pianoforte gli gridò di smettere, dicendo: "Stai sbagliando!" Colto alla sprovvista, Daryl si fermò, chiedendosi quanto potesse essere difficile spazzare un pavimento. L'artigiano si avvicinò e si offrì di mostrarglielo. Per prima cosa prese un secchio pieno di segatura e la inumidì con dell'acqua. Poi sparse la segatura bagnata sul pavimento dell'officina. "Questo fa sì che la polvere sul pavimento non si sollevi depositandosi sui pianoforti mentre spazzi", spiegò. In quel momento, Daryl si ripromise che avrebbe sempre cercato di chiedere agli altri come svolgevano un lavoro, anche quando riteneva di saperlo già. Infatti, attribuisce a questa massima semplice e umile il suo successo professionale.

Quando pensiamo di sapere la risposta, dare a qualcun altro l'opportunità di condividere per primo la risposta propria gli dà la possibilità di migliorare e crescere. Inoltre, dà anche a noi l'opportunità di imparare. E magari aiuta a evitare di sollevare polveroni, creare sforzi inutili e produrre conseguenze indesiderate.

PROBLEMI E SFIDE

È una bella sensazione conoscere la risposta, essere la persona a cui gli altri possono rivolgersi, sia al lavoro, a casa o in qualsiasi altra situazione. È una cosa naturale, poiché deriva dal modo in cui le nostre culture ci incoraggiano durante gli anni scolastici e all'inizio della carriera a specializzarci e a diventare esperti in quello che facciamo. Quindi non c'è da meravigliarsi che molti di noi cerchino di diventare sempre più esperti nel risolvere problemi nel campo prescelto. Anche se questo è del tutto valido, non può portarci che fino a un certo punto. Se vogliamo andare oltre, dobbiamo trovare la vulnerabilità di sentirci a nostro agio *non* sapendo qual è la risposta.

Negli anni '90 Ronald Heifetz della Harvard Business School identificò la differenza tra ciò che definiva un **problema tecnico** e una **sfida adattiva**. In termini semplici, un problema tecnico è un problema che probabilmente abbiamo già riscontrato in precedenza, ad esempio quando la stampante sta esaurendo l'inchiostro o quando le scorte nel magazzino sono in esaurimento. Sappiamo qual è il problema, è chiaramente definito, e conosciamo anche la soluzione. Affrontiamo i problemi tecnici dicendo alle persone cosa fare e come farlo. La soluzione a un problema tecnico è solitamente rapida e facile da effettuare.

Le sfide adattive, invece, sono diverse. Non conosciamo la risposta e né la conosce alcun membro del nostro team. A volte, può succedere che non siamo neanche sicuri di quale sia la sfida o, peggio, che proviamo a negare che il problema esista perché il nostro ego ci spinge a rimanere nella nostra zona di comfort in cui sappiamo qual è la risposta.

Quando Gene Kranz dovette affrontare la crisi dell'Apollo 13, nessuno sapeva cosa avesse originato l'esplosione, il danno che aveva causato o quali sarebbero state le conseguenze. Nei primi minuti dopo il disastro, sarebbe stato inutile che Gene, o chiunque altro, iniziasse a cercare di trovare "la risposta". Lo stesso vale per Ben Rich della Skunk Works. All'inizio non sapeva cosa avrebbe salvato l'organizzazione e assicurato loro un futuro. Nessuno lo sapeva.

Sia Gene Kranz che Ben Rich risolsero le loro sfide adattive lasciando andare l'ego e praticando la leadership con umile autostima. Invece di assumersi la responsabilità di sapere quale fosse la risposta, crearono la libertà psicologica necessaria perché i rispettivi team potessero *imparare* la strada verso la soluzione. Dettero il permesso alle loro persone di prendere l'iniziativa, di assumersi la responsabilità e innovare, anziché aspettare che gli venisse detto cosa fare. Nel frattempo, Kranz e Rich continuavano a concentrarsi sul risultato che volevano ottenere, sul motivo per cui quel risultato era importante e sul sostegno alle proprie persone.

QUANDO LA POSTA IN GIOCO È ALTA

Ora, questo approccio può sembrare per certi versi ovvio, eppure può essere notevolmente difficile da seguire quando la posta in gioco è alta. So di non averla sempre azzeccata in passato.

Negli ultimi anni ci sono state due occasioni importanti in cui stavo conducendo dei workshop: uno con David e un altro con Stephen, entrambi amici cari e persone di grande talento. Ciascuno dei workshop affrontava un'importante sfida adattiva e io sentivo la pressione di garantire che le sessioni raggiungessero i risultati che stavamo cercando. Mi stavo concentrando così tanto sui risultati e sull'impegno accurato da dedicare ai workshop per arrivarci, che strinsi la presa del controllo. In ogni occasione, di fatto, escludevo David e Stephen.

David mi disse, in seguito, che aveva iniziato a chiedersi perché fosse con me lì davanti ai partecipanti, dal momento che non gli stavo dando lo spazio per contribuire. Alla fine, si era chiuso in se stesso e mi aveva lasciato fare. A quel tempo non me ne resi proprio conto. Ero cieco. Sebbene non sia stato un disastro, la sessione non ebbe il successo che avrebbe avuto se fosse stata in gioco anche la grande abilità di David.

Fu un'esperienza simile per Stephen nel workshop che conducemmo insieme qualche tempo dopo. Si sentiva un po' come un pezzo di ricambio. Per fortuna me ne accorsi prima che fosse troppo tardi e detti nuovamente spazio a Stephen. E sono davvero felice di averlo fatto: il contributo che dette in seguito fu cruciale per il successo della sessione.

Dare agli altri il potere di risolvere le cose può sembrare un po' come lasciare andare il controllo *esattamente* nel momento in cui riteniamo che dovremmo rafforzare la presa. Si insinua la paura. Questo è il motivo per cui, in pratica, essere leader di un team nel corso di una sfida adattiva richiede tutto ciò di cui abbiamo discusso finora in questo libro. Dobbiamo avere chiaro quali sono le nostre *stand* come individui, e questo ci farà da guida e ci darà il coraggio di cui abbiamo bisogno per affrontare territori ignoti. Dobbiamo promuovere un impegno condiviso che compatti il nostro team a beneficio degli altri e della nostra causa. Come leader, dobbiamo riconoscere la realtà della situazione che affrontiamo, difendendo allo stesso tempo la speranza di trovare insieme la strada. Ciascuno di questi elementi influenza positivamente il modo in cui gli altri ci percepiscono, creando un ambiente in cui ogni persona del nostro team si sente capace e disposta a farsi avanti con le proprie idee.

Questo significa sfruttare il genio collettivo.

LE SFIDE ADATTIVE RICHIEDONO SOLUZIONI ADATTIVE

Poco più di dieci anni fa, mio suocero, Peter, si stava avvicinando a quella fase della vita in cui diventa pericoloso guidare un'auto. Sebbene fosse mentalmente acuto, la vista, l'udito e la capacità di reazione erano notevolmente diminuite. Ma, come succede a molte persone in età avanzata, difendeva fieramente la propria indipendenza, per la quale poter guidare era fondamentale. Tuttavia, come famiglia, eravamo sempre più preoccupati che potesse avere un incidente e farsi male o farne ad altri. La questione era come potevamo impedirgli di guidare senza distruggere completamente la sua autostima e la sua libertà.

Si trattava di una sfida adattiva. Trattarlo come un problema tecnico, ad esempio togliendogli le chiavi della macchina, lo avrebbe messo in discussione e probabilmente avrebbe causato molto scompiglio a tutti gli interessati. Poteva anche portarlo verso un certo declino mentale. Quello che invece facemmo fu di condividere il problema con un team virtuale: la famiglia al completo, il suo medico, ed associazioni che potevano offrire supporto e consulenza per problemi legati all'età. Divenne chiaro che dovevamo in qualche modo consentire a Peter di *scegliere* di smettere di guidare. Meglio ancora, anziché *smettere* di fare qualcosa, volevamo che Peter vedesse la rinuncia alla sua auto come un'opportunità per *iniziare* qualcosa di nuovo.

Nelle settimane successive, facemmo delle chiacchierate con Peter per capire meglio cosa rappresentava per lui la sua auto. Scoprimmo che per lui guidare stava diventando sempre più faticoso e che in realtà usava la macchina giusto per fare la spesa. Nel corso di diverse conversazioni gli chiedemmo come si poteva migliorare la situazione o come sarebbe stata la sua vita se non avesse più dovuto guidare.

Mentre tutti condividevamo le nostre riflessioni, Peter iniziò a fare collegamenti e a vedere nuove possibilità. Si ricordò di un servizio taxi locale, di un fidato amico di famiglia, di cui si era servito occasionalmente nel corso degli anni. Una settimana dopo, Peter ci chiese se non fosse ora di vendere la sua macchina e di usare i soldi per pagare, di tanto in tanto, un taxi per andare ovunque avesse avuto voglia o bisogno. Come bonus, avrebbe potuto fare due chiacchiere con l'autista. È importante sottolineare che questa scelta fu di Peter. Pur non guidando più da solo, mantenne il controllo della propria vita, sentendosi sostenuto dalla sua famiglia e continuando a condurre una vita attiva. E, anche se noi facemmo da catalizzatore, fu lui a individuare anche un vantaggio in questo cambiamento.

Le sfide adattive sorgono frequentemente quando sono coinvolte le percezioni delle persone. Negli affari, questo può accadere quando stiamo cercando di implementare il cambiamento o trasformare una cultura. Tentare di risolvere una sfida adattiva con una soluzione tecnica funzionerà raramente, se non mai. Ad esempio, sperare di trasformare la sicurezza in un cantiere, o il controllo di qualità in una fabbrica, scrivendo più norme non servirà a nulla se chi ci lavora sceglie di non seguirle. Finiamo per spendere più tempo, energia e denaro per costringere le persone a conformarsi, con poco impatto sostenibile. I problemi di sicurezza o di controllo della qualità sono sfide adattive, che necessitano di una risposta di leadership adattiva.

UNA MISCELA

Alcuni problemi che ci rallentano sono una *miscela* di problemi tecnici e sfide adattive. Il solo fatto di conoscere questa distinzione ci aiuta ad affrontarli nel modo appropriato. Come le sfide nello scrivere questo libro: sapevo quale programma usare per scrivere le parole sulla pagina – e questo ha risolto il problema tecnico. Ma le sfide adattive sono state innanzitutto come trovare la creatività per scrivere, poi come dare forma alle idee, cercando anche di capire come mantenere la concentrazione e lo slancio. Quando si tratta di editing e pubblicazione, è necessaria molta umile autostima per aprirsi e ricevere feedback e consigli dagli altri! Per arrivare al punto in cui il libro è sullo scaffale di un negozio è necessario dare a molte persone il potere di contribuire con la loro conoscenza. Collettivamente, impariamo la strada verso il risultato che cerchiamo.

Molti di noi sembrano in grado di adattarsi bene quando vengono coinvolti in un particolare e comune ruolo di leadership che richiede umile autostima. In effetti, è un ruolo che può rappresentare una delle più grandi sfide adattive tra tutte. Quel ruolo è la genitorialità.

Ricordo il giorno in cui nacque la nostra primogenita e la portammo a casa. Come per ogni neogenitore, c'erano così tante cose nuove che mia moglie ed io non sapevamo cosa fare e cosa ci avrebbe riservato il futuro: faceva paura. Risolvemmo rapidamente molti dei problemi tecnici con soluzioni semplici: un seggiolino per auto, vestiti, pannolini, un baby monitor e tutte le varie altre cose di cui sentivamo di aver bisogno. Ciò che richiese molto più tempo fu imparare come prendersi cura adeguatamente di nostra figlia: quelle erano le sfide adattive.

Eppure non c'erano dubbi sul nostro impegno assoluto, e questo ci dava il coraggio di ammettere che non conoscevamo tutte le risposte. Ci portò a dare a chi ci circondava il potere di aiutarci a capire come fare. Chiedemmo all'ostetrica, al medico, agli operatori sanitari, ai nostri amici e familiari, e in particolare ai nostri genitori. Imparammo a fare domande migliori e ad ascoltare le risposte.

IL RUOLO DI UN LEADER

Esercitare il muscolo che ci permette di sentirci a nostro agio nell'essere leader quando non conosciamo le risposte è un'abilità molto preziosa da sviluppare. Non avviene dall'oggi al domani: è questione di allenamento. Possiamo imparare in modo graduale a concentrarci più sulla creazione e il mantenimento dello spazio dove altri possano riunirsi e risolvere le nuove sfide che abbiamo davanti, anziché fare affidamento su di noi come esperti in quanto leader. Ci libera dai nostri limiti. Potremmo non riuscirci bene, ma man mano che creiamo slancio, attireremo intorno a noi un team che vorrà far parte di qualunque cosa stiamo facendo.

Le persone scelgono di seguirci in territorio ignoto quando siamo disposti a lasciare andare l'ego e ad abbracciare l'umile autostima. Il coraggio per farlo è sostenuto dal nostro impegno e dall'*amore* per ciò che stiamo cercando di raggiungere, anziché dalla paura di fallire. Qualunque siano le battute d'arresto, teniamo stretta la speranza e la instilliamo negli altri. Impariamo ad ascoltare e a mettere in discussione le cose date per scontate ponendo le domande importanti. Insieme, queste pratiche iniziano a creare un ambiente in cui coloro che ci circondano desiderano contribuire con le proprie competenze e intuizioni, dandoci accesso al genio collettivo del nostro team.

Quando eleviamo le persone del nostro team, proprio come fece Ben Rich con Denys Overholser, il risultato può essere tanto sorprendente quanto notevole. Il bello è che non è necessario frequentare l'università o trascorrere anni a studiare materie tecniche per arrivare a questo modo di essere leader. Tutti possiamo avervi accesso in questo stesso momento. È dentro ognuno di noi. Dobbiamo semplicemente scegliere di lasciare che emerga. Può avvenire in qualunque punto ci troviamo del nostro percorso verso la Jumpseat Leadership.

CONSIDERATE QUESTO

Come leader, possiamo erroneamente credere di dover essere la persona in grado di dare le risposte a tutti i problemi che il nostro team affronta. Questo indebolisce la nostra energia e la nostra capacità, e crea un ambiente in cui le nostre persone aspettano che venga detto loro cosa fare. Un Jumpseat Leader, invece, si concentra sullo sviluppo della propria capacità di essere leader quando non conosce le risposte, creando l'ambiente in cui può sfruttare il genio collettivo del proprio team.

◆ **IMPARARE A VOLARE**

Considerate questo: allenate la forza di "non sapere", ponendo domande in ogni occasione, con un vivo interesse nelle risposte.

Vi dà potere essere in grado di dire: "Non lo so, per favore spiegami" o "Mostramelo", anche quando pensate di sapere qual è la risposta, perché imparerete quasi sempre qualcosa di nuovo. Mentre *imparate a volare*, non ci sono aspettative che sappiate le cose, quindi approfittatene al massimo! Questo è un esercizio di umile autostima.

La prossima volta che vi viene chiesto di fare qualcosa che non avete mai fatto prima, fate una pausa e chiedete: "Prima che io inizi, c'è qualcosa che quando hai dovuto farla tu vorresti aver già saputo prima di farla?" Ascoltate davvero. Anche se non imparate nulla di nuovo, è un ottimo modo per costruire rapporti. Chi non vorrebbe stare con qualcuno che è disposto a imparare ed è aperto ai consigli?

◆ **VOLARE**

Considerate questo: Si dice che il pilota che ha raggiunto le cinquecento ore di volo sia nel suo momento più vulnerabile. In altre parole, ha abbastanza esperienza per pensare di sapere cosa sta facendo e quindi smette di cogliere l'opportunità di imparare.

Ricordate a voi stessi che non sapete tutte le risposte, e siate consapevoli del pericolo dell'autocompiacimento. La prossima volta che finite di fare qualcosa, fate una pausa prima di consegnarla o di premere il pulsante di invio. Fate una rapida checklist mentale o, meglio ancora, annotate tutti i passaggi necessari per considerarla completa. Se lavorate in team, questo è un ottimo esercizio da fare insieme.

◆ **INSEGNARE AGLI ALTRI A VOLARE**

Considerate questo: Concentratevi sul creare e mantenere lo spazio affinché gli altri possano contribuire alle risposte, assicurandovi di restare connessi all'impegno condiviso. Questo è particolarmente importante quando si guida un team di esperti provenienti da diversi settori.

Il linguaggio è importante: chiedete "Cosa manca?" invece di "Cosa c'è che non va?" Riconoscete tutti i contributi, anche se non sembrano essere quelli necessari al momento: potrebbero essere utili trampolini di lancio verso la risposta. Create una cultura in cui le persone si sentano incoraggiate a esprimere le proprie idee anche se non ne sono sicure.

La prossima volta che condurrete una riunione, invece di *dire* alle persone del vostro team cosa fare, *chiedete* loro di spiegarvi quelli che secondo *loro* dovrebbero essere i passi successivi. Chiedete se è necessario fare aggiornamenti o apportare modifiche. Chiedete i loro consigli e condividete le migliori pratiche in modo che tutti possano imparare, inclusi voi.

◆ **PRATICARE LA JUMPSEAT LEADERSHIP**

Considerate questo: Dovreste raggiungere il punto in cui non siete più voi a prendere la maggior parte delle decisioni. Tuttavia, potete continuare a promuovere una cultura di apprendimento e di ascolto.

Continuate ad essere curiosi. Prestate attenzione al modo in cui vi comportate quando fate domande, così da non essere percepiti come chi, dal sedile posteriore, dice cosa fare a chi sta guidando. Sostenete e appoggiate le decisioni prese dagli altri ogni volta che è possibile. Se ritenete di non poterlo fare, aspettate fino alla fine della conversazione prima di intervenire. Cercate di capire le soluzioni con cui altri vogliono contribuire al lavoro.

Chiedetevi cosa mancava quando *insegnavate agli altri a volare*, o cosa avreste potuto fare per aiutarli a volare da soli.

Quando entrate in una sala riunioni o partecipate a una videochiamata, prendete nota di ciò che accade. Le persone smettono di parlare e si rivolgono a voi per trovare soluzioni? Offrite immediatamente soluzioni invece di chiedere il contributo del team? Annotate ogni volta che avete dato il vostro sostegno anziché intervenire. Date alle persone del vostro team l'opportunità di imparare o prendete voi il controllo?

A volte potreste essere l'unico ad avere la soluzione, e va bene. Ma prima di esprimere i vostri pensieri, aspettate che abbiano parlato tutti.

IL SENSO DI APPARTENENZA

Capitolo 10

Trovare la connessione

A GENNAIO 2020 il mio lavoro mi portò ad Amman, in Giordania. Ciò che imparai visitando la città approfondì i legami che avevo con quella zona in modi che non avevo previsto. Il viaggio cambiò completamente la mia percezione di ciò che è possibile, e portò a una delle conversazioni più affascinanti della mia vita.

Sebbene avessi già visitato molte nazioni arabe, questa era la prima volta che andavo in Giordania. Il confine più esteso di questo bellissimo paese è quello con l'Arabia Saudita, e si trova a sud e ad est; i suoi altri confini sono con l'Iraq, la Siria e con la contesa regione della Palestina e di Israele. La mia ospite, Wajeeha Al Husseini, mi dedicò generosamente il suo tempo per mostrarmi la loro capitale tutta colline, Amman. Sia in macchina che a piedi abbiamo fatto diversi giri per la città, che brulicava di vita ed energia mentre le persone facevano i loro affari. Alcune scene, come i coloratissimi e aromatici mercati di spezie, o i suk, e l'abbagliante quartiere dell'oro con i sontuosi anelli, collane e braccialetti, mi erano tutti familiari da altri paesi arabi che avevo visitato. Altre erano inaspettate e mozzafiato, tra cui l'antica Jabal al-Qal'a, o Collina della Cittadella, con il suo Tempio di Ercole; e l'anfiteatro romano, costruito nel II secolo, che può ospitare seimila persone ed è ancora in uso oggi.

Quello che mi colpì maggiormente era l'atmosfera: la cultura, la sensazione che dava la città. C'era una meravigliosa miscela di Oriente che incontra l'Occidente, di civiltà, e di un senso di vivi e lascia vivere, di rispetto reciproco e armonia. Tutto questo si notava fortemente perché non è sempre così nei paesi che circondano la Giordania. Ci stavo riflettendo fra me e me mentre tornavamo verso la macchina, quando Wajeeha mi indicò una scuola che aveva un'ottima reputazione. "È gestita da suore cattoliche", spiegò. "È davvero ottima, e anche molte famiglie musulmane ci mandano i loro figli".

Fui colto di sorpresa. La Giordania è un paese prevalentemente musulmano, e avevo supposto – probabilmente rafforzato da ciò che leggo e vedo nelle notizie occidentali – che ci fosse discordia o, nella migliore delle ipotesi, tolleranza tra le principali religioni. Non mi aspettavo di vedere una tale integrazione e accettazione. Percependo come fossero stati ribaltati i miei preconcetti, Wajeeha sorrise dolcemente e mi disse: "Lascia che ti parli della mia famiglia a Gerusalemme".

IL DETENTORE DELLE CHIAVI

Dall'altra parte del confine giordano, verso ovest, c'è Gerusalemme, un luogo unico e sacro per le fedi islamica, ebraica e cristiana. La Chiesa del Santo Sepolcro si trova nella parte nord-orientale della città, ed in tanti sostengono che sia stata eretta sul luogo in cui Gesù fu crocifisso e sepolto. La chiesa stessa ha avuto una storia piuttosto turbolenta, essendo stata costruita originariamente all'inizio del IV secolo, bruciata nel 614 e ricostruita nei due decenni successivi. Fu distrutta ancora una volta nel 1009, nuovamente restaurata, e poi completamente ricostruita nel XII secolo.

La chiesa attuale è del XIX secolo. Il suo passato forse riflette la natura instabile di questa parte del mondo. Ma in mezzo ai cambiamenti tumultuosi, una tradizione ha resistito con forza per oltre ottocento anni: i membri della famiglia di Wajeeha, che sono musulmani, hanno conservato le uniche chiavi della porta di questa chiesa. Ancora oggi *continuano* a custodirle, su invito di coloro che lì vanno a pregare.

Nel nostro mondo moderno, in cui sembrano esserci così tante divisioni, spesso basate sulla religione, questo simbolo di cooperazione e fiducia mi è sembrato straordinario. Volevo saperne di più. Pochi mesi dopo, grazie a Wajeeha, potei parlare direttamente con Adeeb Jawad Joudeh Al Husseini, l'attuale detentore delle chiavi della chiesa, e con suo fratello, Sari Joudeh.

Sari mi spiegò come, nel 1187, il sultano musulmano Saladino condusse un'efficace campagna militare per riconquistare Gerusalemme dai crociati cristiani, che avevano tenuto la città per quasi novanta anni. Dopo la sua vittoria, Saladino si impegnò a proteggere dalla distruzione o dalla conversione in moschee tutti i luoghi santi della religione cristiana, inclusa la Chiesa del Santo Sepolcro. Era determinato a stabilire nella città pace e tranquillità per tutti i cristiani, e a garantire che ciò continuasse sotto qualsiasi futuro governante musulmano che gli succedesse.

Saladino consultò il suo popolo e i patriarchi, cioè i vescovi più anziani che rappresentavano le religioni cristiane. Insieme concordarono che le chiavi della Chiesa del Santo Sepolcro sarebbero state detenute da una famiglia musulmana altamente rispettata e influente, la cui storia risaliva fino a Maometto, il fondatore dell'Islam. Quella famiglia era Al Husseini. Da allora, le chiavi sono state tramandate di generazione in generazione fino ad Adeeb che, come i suoi antenati, garantisce che la chiesa venga aperta ogni mattina e chiusa bene ogni sera.

Il ruolo del detentore delle chiavi è stato rafforzato da molteplici decreti reali emanati nel corso dei secoli. Ma il legame tra la famiglia Al Husseini e la comunità cristiana va ben oltre la pacifica convivenza. Sia Adeeb che Sari hanno frequentato una scuola superiore cattolica così come adesso i loro figli. Quando il padre di Adeeb e Sari morì nel 1991, i patriarchi cristiani vennero a pregare sul feretro, in un commovente atto di rispetto e unità. Sari mi raccontò che la generazione successiva della sua famiglia mette ancora più passione nel mantenere viva la tradizione, e con essa il legame che unisce le due religioni.

Ciò che Saladino mise in atto oltre ottocento anni fa per porre fine al ciclo di distruzione fu un atto di leadership coraggiosa, che scelse un contesto di amore rispetto a uno di paura. La sua eredità continua a unire le persone e a creare un senso di appartenenza.

IL CONTESTO DÀ SIGNIFICATO

Ogni cosa nel nostro mondo può essere vista come **contenuto** o come **contesto**. Del contenuto fanno parte le cose che diciamo, il lavoro che facciamo e gli oggetti che ci circondano. Il contesto, invece, è ciò che dà significato a quel contenuto.

Utilizzando ancora l'esempio del puzzle, i pezzi del puzzle sono il contenuto, mentre il contesto è dato dall'immagine sulla scatola. Senza quell'immagine, le tessere del puzzle non hanno significato: sono solo pezzi di cartone di forma strana colorati in modo casuale. Una volta che vediamo quell'immagine, le tessere iniziano ad assumere un loro senso, e possiamo iniziare a metterle insieme in modo coerente.

Prima di parlare con Adeeb e Sari, era come se avessi alcuni pezzi di un puzzle – le chiavi, la chiesa e il rapporto tra musulmani e cristiani – che fluttuavano nella mia testa senza alcun senso. Dato quello che sapevo, non riuscivo a capire come una famiglia di una religione potesse detenere le chiavi di uno dei luoghi più sacri per un'altra religione. Adeeb e Sari mi hanno mostrato l'immagine sulla scatola: mi hanno fornito il contesto di cui avevo bisogno. All'improvviso tutte le tessere del puzzle hanno trovato il loro posto. Più mi spiegavano le cose, più l'immagine diventava chiara man mano che approfondivo la mia cognizione e la mia comprensione.

COSTRUIRE RAPPORTI

La storia del detentore delle chiavi è un esempio duraturo di come sia possibile sbloccare le opportunità quando costruiamo i nostri rapporti utilizzando il contesto. Può unire in modo molto potente persone e idee che a prima vista sembrano disconnesse. Se vediamo nel giusto contesto le sfide e i problemi apparentemente insormontabili, possiamo scoprire un significato profondo che può aiutarci a superarli. Anche nel mondo degli affari, un forte rapporto con il contesto può portare a performance straordinarie.

Nel profondo della campagna dell'Oxfordshire in Inghilterra c'è un hotel di lusso con ristorante chiamato Belmond Le Manoir aux Quat'Saisons. Fondato nel 1984 dallo chef francese Raymond Blanc, il ristorante ha guadagnato due stelle Michelin all'apertura e da allora le ha mantenute ogni anno.

Da oltre novanta anni, la Michelin assegna ai ristoranti meritevoli da una a tre stelle, in base al giudizio su: la qualità degli ingredienti utilizzati, le tecniche di cottura, la personalità dello chef espressa nella sua cucina, il rapporto qualità-prezzo e la coerenza. Le valutazioni vengono effettuate in forma anonima da ispettori appositamente formati, che visitano un ristorante almeno ogni diciotto mesi prima di assegnare il premio. Una stella equivale a molto buono, due stelle a eccellente, mentre tre stelle denotano una cucina eccezionale se confrontata con altri ristoranti nella stessa fascia di prezzo. Le stelle Michelin sono molto più rigorose e standardizzate di quelle assegnate dai revisori su app di crowdsourcing come Yelp. Per mettere il dato in prospettiva, su quindici milioni di ristoranti stimati nel mondo, attualmente ce ne sono meno di quattrocento che detengono due stelle Michelin. Nel mondo della cucina, avere una doppia stella Michelin è un'impresa notevole, per non parlare della capacità di mantenere il riconoscimento ininterrottamente per decenni, come ha fatto Raymond. Ciò che rende il risultato ancora più sorprendente è che Raymond non ha mai avuto una preparazione formale come chef.

Qualche anno fa, il mio lavoro mi dette l'opportunità di incontrare e chiacchierare con Raymond in diverse occasioni. Rimasi subito colpito dalla passione e dal rispetto che ha per il cibo, da come questo viene coltivato e preparato, e dall'energia che Raymond mette nel condividere il modo in cui vede il mondo. I giardini dell'hotel sono curati magnificamente, e Raymond mi spiegò come incoraggia ciascuno dei suoi apprendisti chef ad adottare parte dell'orto o del frutteto. Vuole che i suoi chef stabiliscano un vero e proprio rapporto con i prodotti, con la ricchezza del suolo, con il clima e con tutto ciò che consente alle piante di crescere bene, in una parola con il *terroir*, per usare il termine che utilizza spesso Raymond. Prima di preparare il pranzo o la cena, sono gli chef stessi che raccolgono molti degli ingredienti direttamente dagli orti, sviluppando in tal modo un maggiore apprezzamento dei cicli della natura e di come lavorare con essi. Ebbi l'impressione che Raymond si impegnasse a creare un contesto in cui tutti i suoi chef si prendono veramente cura del cibo e dei piatti che creano. Riceve un piacere genuino dalla gioia che l'ottima cucina può portare, e vuole condividere questa sensazione con tutti.

Questo senso di rapporto e cura si estende alle cucine di Raymond. Anche al culmine del servizio della cena, in cucina si sentono pochissimi rumori o chiacchiere. Non ce n'è bisogno. Dal capo chef ai camerieri, ai lavapiatti e agli addetti alle pulizie, ognuno conosce la propria parte, cosa è necessario e quando, e come integrarsi nel contesto che li circonda. Senza il profondo rapporto che ognuno di essi ha con il cibo che stanno preparando e con gli altri, e senza la consapevolezza di come ognuno di essi si inserisce nel lavoro generale, nessuno dei piatti straordinari che creano e servono sarebbe possibile.

Raymond ha dipinto un'immagine molto chiara sulla scatola del puzzle – un contesto – affinché l'intero suo team possa vederla, e invita le sue persone a diventarne parte integrante. Ad ogni pasto ogni componente si incastra con l'altro in modo perfetto, volta dopo volta. C'è un palpabile senso di appartenenza tra tutti i membri del team, proprio come c'è per ogni ingrediente che trova spazio negli straordinari menu che curano.

Sebbene Raymond rimanga lo *chef patron*, la maggior parte delle attività in cucina vengono svolte da coloro che ha formato. Affida loro il compito di mantenere gli standard necessari per mantenere quelle stelle Michelin. È diventato un Jumpseat Leader, elevando altri che condividono la sua passione per il cibo e la gioia che il cibo può portare. Se ci fosse bisogno della prova di quello che vi sto raccontando, trentaquattro degli chef che ha formato nel corso degli anni ora gestiscono i propri ristoranti stellati Michelin.

CREARE IL CONTESTO

Sebbene le circostanze fossero completamente diverse, ciò che il sultano Saladino e Raymond Blanc hanno creato è un contesto in cui le persone potessero trovare un significato. Quel contesto ha permesso a tutti i soggetti coinvolti di costruire un rapporto forte con ciò che era importante per loro, definendo allo stesso tempo rapporti nuovi. Insieme, hanno generato un senso di appartenenza per tutti coloro che hanno scelto di appartenere, portando a risultati tanto straordinari quanto improbabili.

Quando creiamo un contesto in cui le persone sentono di appartenere e diamo loro il supporto di cui hanno bisogno per svolgere il proprio lavoro, si crea slancio. Ciò a sua volta mantiene vivo il contesto per le generazioni future, come è avvenuto per il figlio di Adeeb, che riceverà le chiavi della Chiesa del Santo Sepolcro; o per gli ormai celebri chef formati da Raymond.

Il contesto è vitale affinché ognuno di noi possa capire il nostro mondo. In qualità di leader, potremmo aver bisogno di creare quel contesto in modo che il nostro team possa trovare un modo per relazionarvici e sentire di appartenere. Altre volte, potrebbe essere che abbiamo semplicemente bisogno di adattare o *cambiare il contesto*.

CAMBIARE IL CONTESTO

Quando **cambiamo il contesto**, è come capovolgere i pezzi del puzzle e vedere un'immagine diversa dall'altro lato.

I pezzi del puzzle non sono cambiati, ma assumono un significato completamente nuovo e possono creare un'immagine completamente nuova, portando a opportunità differenti. Questo è ciò che scoprì la London Taxi Company, il produttore dell'iconico taxi nero londinese, in un modo che avrebbe trasformato le proprie sorti.

La storia del taxi nero londinese risale a diversi secoli fa. Nel 1621 il villaggio di Hackney nel Middlesex, in Inghilterra, iniziò a fornire alla città di Londra cavalli per trainare quella che divenne nota come la carrozza di Hackney. Al giorno d'oggi, le carrozze trainate da cavalli sono scomparse da tempo dalle strade di Londra, e la maggior parte di noi conosce invece il sostituto del ventesimo secolo, il taxi nero londinese. Il suo design fa parte dell'immagine di Londra tanto quanto il taxi giallo fa parte dell'immagine di New York o il taxi rosso di quella di Hong Kong.

La London Taxi Company affonda le sue radici nel 1908, quando seguì le normative del governo britannico per produrre i primi taxi neri motorizzati che avrebbero sostituito i cavalli, fino ai modelli più recenti che compongono oggi la flotta di ventunomila taxi sulle strade di Londra. Ma nell'ultimo decennio, l'azienda ha avuto qualche difficoltà per mantenere il passo con le restrizioni, sempre più limitanti, sulle emissioni dei motori automobilistici, stabilite anch'esse dal governo. Per sopravvivere, l'azienda doveva agire e superare i divieti anziché cercare costantemente di recuperare terreno. Un cambiamento di contesto avrebbe potuto raggiungere questo obiettivo – cambiamento che potenzialmente poteva essere tanto profondo quanto il passaggio dai cavalli ai motori più di un secolo prima.

Nel 2017 la London Taxi Company è diventata la London Electric Vehicle Company, il cui nuovo nome indica il cambiamento di contesto. Il loro obiettivo era diventato la produzione delle prime vetture ibride-elettriche appositamente prodotte. Ad oggi hanno costruito e venduto oltre duemilacinquecento nuovi veicoli e si stanno rapidamente espandendo in nuovi mercati in tutto il mondo. Queste ultime vetture continuano a soddisfare i principi fissati nel 1908 e, soprattutto, onorano l'eredità progettuale dei taxi neri che li hanno preceduti. Sono seguite ulteriori innovazioni, infatti l'azienda sta sviluppando un furgone elettrico completamente nuovo per le consegne urbane, derivato dall'agile e spazioso taxi nero.

La London Electric Vehicle Company ha girato con successo le tessere del puzzle e le sta mettendo insieme con slancio rinnovato. L'azienda offre ancora la possibilità di usufruire dei taxi neri londinesi, solo che ora si trova nel contesto dell'energia elettrica anziché usare diesel o benzina. Rimane un forte senso di identità, storia e appartenenza, poiché i loro veicoli portano avanti più di un secolo di tradizione. La rigorosa legislazione sulle emissioni delle auto ha infatti minacciato il cuore dell'attività a breve termine dell'azienda. Ma visto in un contesto di lungo termine, di opportunità piuttosto che di mancanza, è stato un trampolino di lancio essenziale, che ha portato all'innovazione che ora sta iniziando a garantire loro un futuro.

QUANDO IL CONTESTO È FALLACE

Sebbene il contesto dia significato a ciò che facciamo, fissarci su un particolare contesto può limitarci, poiché possiamo diventare ciechi di fronte alle nuove opportunità. Nel peggiore dei casi, la riluttanza a cambiare il contesto può essere disastrosa.

Un momento critico nella storia dell'Apollo 13, che trasformò completamente le possibilità di sopravvivenza dei tre astronauti, fu la dichiarazione di Gene Kranz secondo cui la missione non riguardava più lo sbarco sulla Luna: improvvisamente si trattava soltanto di riportare gli astronauti a casa sani e salvi. Questo cambiò il contesto. Ciò permise di ripensare a come la navicella spaziale e i suoi sistemi potevano essere utilizzati in modi non previsti o nemmeno immaginati dagli ingegneri di progetto, e si rivelò fondamentale per risolvere le numerose sfide che dovettero affrontare. Le risorse a disposizione degli astronauti nello spazio non cambiarono, eppure il cambiamento di contesto fece sì che tutto assumesse un diverso significato.

Mentre l'esito della missione Apollo 13 segnò il momento migliore della NASA, ciò che accadde il 28 gennaio 1986 si posiziona sul piatto opposto della bilancia. Settantatré secondi dopo il lancio da Cape Canaveral, lo Space Shuttle Challenger esplose e fu completamente distrutto. Sette membri dell'equipaggio persero la vita, inclusa Sharon Christa McAuliffe, che era un'insegnante e la prima civile a prendere parte a una missione nello spazio.

Come è stato ricostruito nella serie di documentari Netflix del 2020, l'esplosione fu causata da un problema degli O-ring sui razzi a propellente solido che davano la propulsione allo shuttle durante i suoi primi due minuti di volo. Simili a copertoni di gomma molto sottili con una circonferenza di oltre 11 metri, questi O-ring erano montati in coppia per ridondanza, sigillando i giunti tra le sezioni cilindriche che componevano ciascun razzo a propellente solido. Il malfunzionamento di un paio di queste guarnizioni sul Challenger lasciò che fuoriuscissero i gas in fiamme che erano all'interno, portando al completo cedimento strutturale del veicolo spaziale. La mattina del lancio del Challenger, la temperatura dell'aria era scesa sotto zero, causando una minore elasticità delle guarnizioni di gomma, che diventarono così ancora più soggette a malfunzionamenti.

Quello che sorprende è che il cedimento parziale di questi O-ring si era già verificato in precedenza. Dopo ogni lancio, i razzi a propellente solido venivano recuperati per essere riutilizzati, e in tal modo era stato possibile riscontrare i danni dopo i quattro lanci precedenti dello shuttle. Questi erano stati ben documentati dalla Morton Thiokol Incorporated (MTI), la casa produttrice dei razzi a propellente solido, che aveva informato esaurientemente la NASA. Uno degli ingegneri progettisti, Bob Ebeling, aveva addirittura affermato che prima o poi lo shuttle sarebbe esploso se il problema degli O-ring non fosse stato risolto. Allora come è stato possibile che questa situazione andasse avanti?

Lawrence Mulloy, il project manager della NASA responsabile dei razzi a propellente solido, sapeva del problema degli O-ring. Ma fu spinto dal fatto che il programma dello shuttle era molto in ritardo rispetto alle tempistiche stabilite e dalla necessità di recuperare i tempi. Nient'altro contava. Al momento in cui il Challenger era pronto per il decollo, la NASA aveva lanciato molte meno missioni di quelle promesse al Congresso. Mulloy sapeva che ci sarebbero voluti almeno due anni per riprogettare la guarnizione e, per lui, l'ulteriore ritardo non era accettabile. Stabilì che *non* era così rischioso da decidere di *non* eseguire il lancio, e diede il consenso affinché i lanci dello shuttle continuassero.

L'impegno di Mulloy riguardava il rispetto del programma e la propria reputazione, non la sicurezza del volo e la vita delle persone a bordo. Questo contesto era condiviso dal suo capo e probabilmente rifletteva la cultura *Possiamo fare qualsiasi cosa* della NASA in quel momento. Erano mossi dalla paura: di perdere i finanziamenti e del danno che ciò avrebbe causato sia ai posti di lavoro della NASA che alla loro reputazione di essere capaci di portare a termine le cose, anziché essere mossi dall'amore per la sicurezza dei loro colleghi nel Challenger.

Quando in seguito gli fu chiesto della decisione di eseguire il lancio, Mulloy rispose: "Se non rispetti il programma, perdi il budget, quindi mi metto pressione, solo per una questione di orgoglio".

Che siamo o meno d'accordo con l'impegno mirato di Mulloy a portare avanti il progetto dello shuttle, le conseguenze del suo orgoglio e della sua mancanza di umile autostima sono state disastrose. Se non avesse permesso all'ego di intromettersi, forse sarebbe stato più aperto a un cambiamento di contesto nella direzione della sicurezza quando i rischi cominciavano ad aumentare. Invece di essere ragionevole e obiettivo e ritardare il lancio, divenne dogmatico, razionalizzando le scelte che faceva per adattarle al contesto che voleva. Anche la mattina del lancio, con le inequivocabili dichiarazioni della MTI secondo cui le temperature fredde aumentavano il rischio di malfunzionamento degli O-ring, Mulloy insistette perché tutto procedesse, inibendo gli altri finché non ritirarono le loro obiezioni e dettero il proprio consenso. La sua *stand a favore* del rispetto del programma si trasformò in una *posizione contro* coloro che si mettevano sulla sua strada.

Dopo il disastro, il contesto tornò a focalizzarsi sulla sicurezza del volo, e i razzi a propellente solido vennero riprogettati. Seguirono ottantacinque lanci riusciti in quindici anni, senza ulteriori problemi. L'ironia è che questo si poteva ottenere *scegliendo* di cambiare il contesto prima della perdita di sette vite. Tragicamente, questa serie di successi si interruppe quando il contesto cambiò nuovamente allontanandosi dalla sicurezza. Il 1 febbraio 2003, lo Space Shuttle Columbia si ruppe al rientro, a causa del cedimento di alcune mattonelle dello scudo termico. L'indagine che seguì rivelò che anche questo era un problema noto, che la NASA aveva scelto di non prendere in considerazione.

Come Jumpseat Leader, qualunque sia il contesto che scegliamo, deve essere costruito sulle solide basi di un impegno guidato dall'amore, non dalla paura. Questo contribuisce ad alimentare l'umile autostima di cui abbiamo bisogno per mantenere l'ego al suo posto e per essere disposti a cambiare il contesto quando non porta più beneficio ad altri.

ILLUMINARE IL CONTESTO

A volte non c'è bisogno di creare o modificare il contesto. Il contesto esistente ha soltanto bisogno di essere **illuminato** – o rinvigorito – per ogni persona coinvolta, indipendentemente dal suo ruolo. In qualità di leader, concentrarsi per fare luce sul contesto per tutti i membri del nostro team è un'opportunità per aiutarli a sentire di appartenere, e di essere visti e ascoltati. E quando le persone hanno questa percezione, portano la propria energia e il proprio impegno verso ciò che il team sta cercando di raggiungere.

Four Seasons Hotels and Resorts si colloca nella fascia più alta del mercato dell'ospitalità di lusso. Trattandosi di una azienda che si estende in gran parte del mondo, sembra più capace di molte altre nel fare luce sul contesto per tutti coloro che ci lavorano e anche per i suoi ospiti affezionati. Fondata nel 1960 dal canadese Isadore Sharp, l'azienda mantiene un contesto incentrato sulla cura genuina delle persone e sulla creazione di esperienze uniche. Ciò che rende questo contesto così straordinario è che viene applicato innanzitutto ai dipendenti.

Tutto questo mi divenne molto chiaro nel 2019, durante il convegno che Four Seasons tenne per il suo Food and Beverage Team proveniente da Europa, Medio Oriente e Africa. Mi era stato chiesto di tenere un discorso sul tema centrale, e fui invitato a fermarmi per la notte.

I preparativi per il convegno furono disposti da Mali, sempre calma e capace (che al momento in cui scrivo gestisce il più recente degli hotel Four Seasons, a New Orleans), e lo scenario che aveva scelto – il loro hotel a Firenze, in Italia – era stupefacente. Un palazzo in stile rinascimentale, con un parco racchiuso da mura e splendidi giardini, le sue camere vanno dall'equivalente di circa ottocento dollari a notte per le più convenienti, a oltre diciottomila dollari per la suite reale. Per l'intera durata del convegno, più del 90% delle sale fu utilizzato per ospitare tutti i dipendenti presenti all'evento. Fortunatamente per me, in qualità di relatore principale, potei soggiornare lì anch'io.

La sera, Mali aveva organizzato, nel salone riccamente affrescato dell'hotel, la cena e l'intrattenimento più straordinari a cui avessi mai assistito. C'erano cibi e bevande sontuosi provenienti da fornitori locali, un corpo di ballo, indovini, e un poeta che si serviva di una macchina da scrivere vintage per scrivere versi personalizzati per gli ospiti. L'atmosfera era ricca di emozioni, meraviglia e gioia. È un'occasione che non dimenticherò mai, e ho la poesia scritta per me incorniciata e appesa in casa.

Questa sfarzosa conferenza deve aver avuto un impatto economico significativo, con tutte quelle stanze che non erano state vendute ad ospiti paganti, e il costo del cibo molto più alto che per un semplice pasto in un più abbordabile ristorante locale. Ma questo evento riflette cosa sia Four Seasons. Non c'era traccia di panini freddi e un po' stantii su piatti di carta, tipici di tanti convegni fuori sede, con i partecipanti che gironzolano silenziosamente complottando su come svignarsela il prima possibile. Invece, Four Seasons colse l'occasione per *illuminare* il proprio contesto di cura e creazione di esperienze straordinarie, e mostrò esattamente cosa significasse, offrendolo alle proprie persone.

L'evento portò in vita il contesto in un modo in cui tutti potevano identificarvisi e farlo proprio. Come me, avrebbero potuto rammentare quell'occasione, quanto li avesse fatti sentire speciali e apprezzati, e ne avrebbero conservato un bellissimo ricordo. A meno che non abbiamo sperimentato noi stessi una sensazione, è molto difficile creare l'occasione perché anche altre persone possano provarla. L'evento di prima classe fu un esempio di come l'azienda vuole far sentire i propri clienti. Certo, non significa che l'hotel organizza questo tipo di festa per ogni ospite. Piuttosto, la serata contribuì a ispirare la conversazione aziendale in corso su *Come possiamo creare momenti straordinari e memorabili per i nostri ospiti in modo che si sentano veramente accuditi da noi?*

Dimostrare la propria attenzione è ciò in cui Four Seasons eccelle davvero, sia per i propri dipendenti che per i propri clienti. Quando creiamo momenti condivisi che ci fanno sentire connessi, dimostriamo che ci teniamo – e questo alimenta un senso di appartenenza.

OLTRE L'EMPATIA

Sento spesso che l'empatia – la capacità di comprendere e condividere i sentimenti di un altro – è uno degli ingredienti chiave di una leadership di successo. Ma a mio avviso, in particolare per praticare la Jumpseat Leadership, l'empatia non è sufficiente. Se vogliamo creare una connessione con le persone – un senso di appartenenza – dobbiamo andare oltre il concetto di empatia. Bisogna avere cura perché **ci importa sinceramente**.

Avere cura può manifestarsi in forme diverse. Il sergente istruttore che mi urlò contro per mesi durante il mio addestramento iniziale come ufficiale della RAF, in quel momento sembrava avere un cuore di pietra. Ma il suo agire nasceva da una premura genuina, perché gli importava sinceramente di aiutarci a costruire la resilienza necessaria nei momenti di forte pressione, e di renderci uniti. Sapeva che questi aspetti, tra gli altri, sarebbero stati fondamentali durante gli anni di servizio che sarebbero seguiti.

Allo stesso modo, un bravo medico si prende veramente cura dei suoi pazienti. Ciò non significa che viene assorbito dal loro dolore e dalla loro sofferenza, ma che invece si preoccupa abbastanza da vedere non solo la malattia, ma anche la persona e le difficoltà che dovrà affrontare. Un esempio potrebbe essere quello di prendersi il tempo necessario per parlare accuratamente con il paziente della sua diagnosi nei tempi adeguati per lui, anziché limitarsi a fornire i fatti senza mezzi termini.

Avere cura può significare trattare i nostri dipendenti come chiediamo loro di trattare i clienti, come ben dimostrato da

Mali durante il convegno Four Seasons. Forse non sorprende che questo gruppo alberghiero abbia il tasso di turnover del personale più basso di qualsiasi altra azienda del settore e che sia apparso ogni anno nella classifica delle "100 migliori aziende per cui lavorare" della rivista Fortune da quando l'indagine è iniziata nel 1998.

Avere cura può essere semplice come trovare il tempo per fermarsi e ascoltare un membro del proprio team, oppure fare caso se qualcosa sembra non andare nella sua vita, e chiedergli come potere aiutarlo.

Avere cura riguarda anche il nostro lavoro. Eccelliamo solo se abbiamo un forte legame con il nostro lavoro e con il contesto in cui lo svolgiamo. Raymond Blanc continua a ricevere due stelle Michelin e ha potuto formare tanti altri chef stellati perché ha sinceramente a cuore il cibo che prepara, così come la persona che lo mangerà.

L'empatia da sola non è sufficiente a coltivare il senso di appartenenza necessario per la Jumpseat Leadership. Come per ogni leader menzionato nel capitolo, dobbiamo dimostrare che ci importa davvero. E avere cura significa investire l'unica risorsa limitata che abbiamo: il nostro tempo.

PIÙ VICINO A CASA

Quando abbiamo un contesto che dà significato a ciò che facciamo, possiamo trovare la connessione significativa per noi. E quando abbiamo sviluppato quella forte connessione personale, emerge in noi il desiderio di dare il nostro contributo, per aiutare a mantenere vivo il contesto che siamo giunti a sentire importante. Oltre a ciò, vogliamo condividere l'esperienza con gli altri, in modo che anche loro possano avere l'opportunità di stabilire una propria connessione.

In qualità di Jumpseat Leader, abbiamo il ruolo di *creare*, *cambiare* o *illuminare* il contesto di ciò su cui stiamo lavorando, in modo che coloro che ci circondano possano renderlo significativo per se stessi e *scegliere* di impegnarsi anziché di essere indirizzati. Uno dei modi più efficaci per farlo è garantire che noi, come leader, manteniamo un forte legame personale con il contesto, in modo da continuare a sentire di appartenervi *noi*. Quando raggiungiamo questo obiettivo, diventa evidente per chi ci circonda, e la connessione diventa contagiosa. Ed è altrettanto evidente quando perdiamo questa connessione.

Non c'è dubbio sull'assoluta fede di Saladino nel contesto da lui creato a Gerusalemme tanti anni fa. Altrimenti non sarebbe stato tramandato di generazione in generazione fino ai giorni nostri. Allo stesso modo, chiunque incontri Raymond Blanc, o semplicemente lo veda in uno dei suoi programmi televisivi, non ha dubbi sulla sua passione e sul contesto che sostiene riguardo al potere di portare la gioia della cucina e del cibo. Questo contesto è portato avanti da tutti gli chef che ha formato e, molto probabilmente, dalla maggior parte di coloro che hanno mangiato nei suoi ristoranti.

Prendetevi un momento per riflettere sulla connessione che avete con il contesto del vostro lavoro, della vostra famiglia e della vostra vita. Come leader di altri, o semplicemente di voi stessi, la connessione che avete con il contesto, che dà significato a tutto il contenuto, cioè alle cose, con cui avete a che fare, è il più forte possibile? Se la risposta è no, o se non ne siete sicuri, potrebbe essere il momento di creare, cambiare o illuminare meglio quel contesto.

Più forte è la nostra connessione, più risultati raggiungeremo, e più coloro che ci circondano vorranno far parte di ciò che stiamo costruendo.

CONSIDERATE QUESTO

Che si tratti di guidare noi stessi o gli altri, trovare la connessione che dà significato a ciò che facciamo è la chiave per ottenere di più.

◆ IMPARARE A VOLARE

Considerate questo: Se state facendo fatica a dare un senso a qualcosa che dovete accettare o che ritenete difficile, adattate il vostro rapporto con essa cambiando il contesto. *Cambiate il contesto, e cambierà il significato.*

La prossima volta che verrete scelti per fare una presentazione al vostro team, quali passi potete intraprendere per rafforzare e dimostrare il vostro rapporto con il contesto che vi è stato assegnato? Chi può essere la vostra cassa di risonanza?

Chiedete a qualcuno di cui vi fidate di aiutarvi con eventuali punti ciechi che potreste avere.

◆ **VOLARE**

Considerate questo: mentre vi assumete più responsabilità e lavorate con gli altri, investite del tempo nella costruzione di quanti più rapporti possibili con i compiti, il team, il contesto e il motivo per cui tutto questo è importante per voi.

La prossima volta che vi viene presentata una sfida, invece di sentirvi un pesce fuor d'acqua, prendetevi un secondo per vedere se è necessario un cambiamento di contesto. Ciò potrebbe sia ridurre la frustrazione sia aprire nuove possibilità, mostrando la sfida sotto una luce diversa.

◆ **INSEGNARE AGLI ALTRI A VOLARE**

Considerate questo: continuate a creare una connessione con l'immagine sulla scatola.

Quando le persone si fissano sui pezzi del puzzle, date loro l'opportunità di fare un passo indietro e ricostruire il rapporto con il quadro più ampio. Più lo farete, maggiore sarà il senso di appartenenza, che porta a maggiore innovazione, lealtà e impegno discrezionale.

Aiutate gli altri illuminando il contesto per loro in modo che il lavoro che stanno svolgendo assuma più significato. La prossima volta che ci saranno le *team review*, pensate a come potreste aiutare ogni membro del team a capire che vi importa veramente di ognuno di loro come persona. Contribuirete in tal modo a costruire una cultura in cui ognuno si sentirà incoraggiato ad avere cura anche dei propri colleghi.

Per dimostrare che vi importa veramente potrebbe essere sufficiente una sessione di ascolto per capire meglio cosa li ispira quando non sono al lavoro. Queste conversazioni rafforzano la connessione, creano comprensione e spirito di squadra, e rafforzano il senso di appartenenza.

◆ **PRATICARE LA JUMPSEAT LEADERSHIP**

Considerate questo: dal momento che ora state facendo un passo indietro in modo che gli altri possano fare di più, cercate opportunità di supporto mantenendo vivo il contesto.

La prossima volta che uno dei vostri prodotti o servizi sembra essere un po' superato, riunite le persone del vostro team e chiedete loro di illuminare il contesto. Forse il contesto è cambiato un po', e questa luce permetterà a tutti di tornare ad essere in sintonia.

Capitolo 11

I secondi contano

NON ERANO TRASCORSI nemmeno due mesi dall'episodio sopra Nairobi, in Kenya, quando avevo dovuto affrontare un atterraggio di emergenza perché le ruote non si erano abbassate. Era il 9 aprile 1988, ed eravamo nel pieno del nostro incarico: portare Sir Geoffrey Howe agli incontri ufficiali programmati in Bahrein, Kuala Lumpur, Singapore e Brunei. Lo avremmo poi riportato in Bahrein, da dove un altro equipaggio lo avrebbe riportato a Londra. Il giorno dopo ci saremmo diretti di nuovo verso est con un aereo diverso, per un compito non correlato, fino in Sri Lanka, passando da Hong Kong, e giù fino a Sydney e Darwin in Australia, poi di nuovo a Hong Kong, prima di ritornare a casa. Per chiunque, per non parlare di me che avevo venticinque anni, era un viaggio davvero impegnativo ed emozionante.

All'epoca, Sir Geoffrey era Ministro degli Esteri e del Commonwealth, conosciuto più semplicemente come ministro degli esteri, responsabile delle relazioni della Gran Bretagna con gli altri paesi. Membro del governo, riferiva direttamente al Primo Ministro Margaret Thatcher. A bordo avevamo anche gli assistenti e i funzionari di Sir Geoffrey, insieme a una dozzina di giornalisti, ognuno dei quali aveva pagato profumatamente per il proprio posto a sedere e il privilegio di poter cogliere ogni notizia in prima persona. Trasportavamo anche personale di cabina extra, addestrato per offrire i più alti standard di cibo e servizio, utilizzando una vasta gamma di pregiate stoviglie cinesi e bicchieri di cristallo, che occupavano ogni centimetro di spazio nelle *galley*. Con un totale di quaranta persone a bordo, quell'aereo, che era stato progettato per centoquaranta passeggeri, era un posto molto comodo dove viaggiare.

Il mio comandante per il volo era un pilota di grande esperienza, di nome Jimmy Jewell. Jimmy aveva trascorso molti dei suoi primi anni nella RAF pilotando aerei da caccia Lightning durante la Guerra Fredda. Aveva un approccio al suo lavoro il più meticoloso e preciso possibile, e pianificava ogni immaginabile eventualità, il che lo metteva in grado di affrontare gli imprevisti.

Nel 1986 Jimmy stava pilotando l'aereo che riportava il Primo Ministro Thatcher da Oslo, in Norvegia, nel Regno Unito. Poco dopo il decollo, il controllo del traffico aereo lo avvertì di aver ricevuto la segnalazione di un probabile ordigno a bordo. Imperturbabile, Jimmy ne parlò con Thatcher, e concordarono rapidamente che non c'era granché che potessero fare finché erano in volo, e che quindi avrebbero potuto anche cercare la bomba dopo essere atterrati a Londra. Ed è quello che fecero. Niente turbava particolarmente Jimmy (né, a quanto pare, Thatcher). Per fortuna, l'informazione si rivelò falsa: la bomba non fu mai trovata.

ORARIO PORTE

Ci si aspettavano standard rigorosi da tutti gli equipaggi che operavano su questi voli ufficiali, e Jimmy Jewell era un esempio di come andavano fatte le cose. Indipendentemente dalla lunghezza del volo, ci organizzavamo per arrivare a destinazione in orario – e intendo al secondo. Questo tempismo di precisione era noto come *orario porte*: il momento in cui il portellone anteriore si apriva e il passeggero più importante, noto come principale, veniva accolto dalla nazione ospitante. Se avevamo a bordo il primo ministro o Sua Maestà la Regina, c'era anche un tappeto rosso sulla scaletta dell'aereo, con una guardia d'onore e una banda musicale come parte della cerimonia di benvenuto.

Arrivare per l'orario porte era una sfida particolare, poiché tutto questo accadeva prima della navigazione satellitare. Allora utilizzavamo la migliore alternativa disponibile, nota come sistema di navigazione inerziale (che utilizzava sensori di movimento e giroscopi per misurare la distanza percorsa e la direzione), oltre a un cronometro e alle carte nautiche. Avevamo anche un navigatore e un ingegnere di volo in cabina, e lavoravamo tutti insieme per regolare la nostra velocità per tenere conto del vento durante il volo, delle diverse piste su cui avremmo potuto atterrare, e di ogni possibile cambiamento di percorso dalla pista di atterraggio fino al punto in cui ci sarebbe stato il tappeto rosso.

Durante il nostro avvicinamento all'atterraggio, il navigatore forniva continuamente informazioni su quanti minuti e secondi mancavano all'orario porte e se di conseguenza ci fosse bisogno di regolare la nostra velocità. Dopo l'atterraggio, mentre ci avvicinavamo al tappeto rosso, il navigatore dava il conto alla rovescia finale. A cinque secondi dalla fine, il pilota frenava delicatamente per l'ultima volta; dopo tre secondi l'aereo si fermava con il portellone passeggeri anteriore esattamente allineato al tappeto rosso, e, quando l'orologio arrivava allo zero e il navigatore annunciava "Porte!", spegnevamo tutti i motori e il portellone veniva aperto, pronto per lo sbarco del passeggero principale. L'intero equipaggio aveva lavorato in sincrono e senza interruzioni per far sì che ciò accadesse.

Arrivare perfettamente in orario non era solo una questione di orgoglio professionale dell'equipaggio. Per un funzionario di alto livello o una visita di stato, arrivare in anticipo poteva mettere in imbarazzo il paese ospitante, mentre arrivare in ritardo poteva essere interpretato come un'offesa diplomatica. Eppure dovevamo fare tutto questo in modo eccezionalmente fluido, come un cigno che scivola su un lago, senza che i nostri importantissimi passeggeri avessero idea di quanto rigorosamente stessimo lavorando per realizzarlo.

SIAMO IN RITARDO

Dopo essere stati trattenuti a terra per oltre venti minuti dal controllo del traffico aereo, alla fine eravamo decollati da Singapore, con Sir Geoffrey a bordo. Ormai eravamo in ritardo. Il volo per il Brunei, sull'isola del Borneo nel Mar Cinese Meridionale, dura meno di due ore, il che significa che non avevamo molte opportunità di recuperare tempo.

Una tecnica utile in questi casi era quella di avvicinarsi alla pista più velocemente del solito, mantenendo la velocità a circa 345 miglia orarie quando normalmente avrebbe dovuto essere di circa 200. Lo facevamo regolarmente e, a condizione che il pilota tornasse alla normale velocità di atterraggio per il touchdown, era perfettamente sicura. Anche se all'atterraggio saremmo stati un po' più veloci del solito, era comunque accettabile, purché la pista fosse lunga.

All'aeroporto del Brunei quel giorno, era previsto bel tempo, e la pista era lunga il doppio del necessario per fermare l'aereo in sicurezza, quindi c'era motivo di sperare che tutto si sarebbe messo per il meglio.

Jimmy mi aveva dato l'incarico di pilotare l'aereo, e io avevo iniziato il nostro avvicinamento rapido. Fu il nostro ingegnere aereo il primo ad individuare il possibile problema. Quando ci trovavamo ancora a qualche chilometro dall'aeroporto, vide che sembravano esserci dei lavori sulla prima metà della pista, che la rendevano inutilizzabile. Una rapida chiamata radio al controllo del traffico aereo ce ne dette conferma: era un'informazione significativa, che non ci era stata trasmessa prima di lasciare Singapore. Adesso stavamo arrivando ad alta velocità, con una pista appena sufficiente per atterrare e fermarci.

Riuscii a diminuire la velocità fino al massimo consentito per l'atterraggio, ma mentre cercavo di atterrare dolcemente, sbagliai valutazione, e le ruote colpirono il terreno con violenza. Peggio ancora, dovetti immediatamente pestare forte sui freni, poiché l'estremità della pista si stava avvicinando rapidamente. Ebbi un tuffo al cuore quando, più forte del rumore dei motori, attraverso la porta della cabina di pilotaggio non riuscivo a sentire altro che il rumore di dozzine di stoviglie e bicchieri pregiati che cadevano dai loro contenitori e si frantumavano sul pavimento delle *galley*. Il nostro grazioso cigno si era trasformato in un brutto anatroccolo.

Pieno di imbarazzo, portai l'aereo fino al tappeto rosso. Sir Geoffrey, senza dubbio scavalcando piatti rotti e bicchieri da vino, si diresse verso il portellone e scese i gradini per essere accolto dai nostri ospiti del Brunei. Per aggiungere la beffa al danno, eravamo comunque arrivati tardi.

PALLONCINO DI AUTOSTIMA

Mentre Sir Geoffrey veniva portato via verso le sue riunioni, in cabina di pilotaggio calò un silenzio imbarazzante. Il mio palloncino di autostima era davvero scoppiato. Sentivo di aver macchiato la nostra reputazione. Avrei voluto che la terra si aprisse e mi inghiottisse per intero.

Logicamente, data la nostra partenza in ritardo da Singapore, sapevo che non avremmo potuto fare di più per arrivare in tempo. Sapevo anche che il mio touchdown aveva mancato di leggerezza, per usare un eufemismo, e che la brusca frenata era stata necessaria per fermarmi prima che finissimo fuori pista. Ma ero stato io con le mani sui comandi e me ne ero assunto la piena responsabilità. Nella mia mente, avevo deluso Jimmy e il resto dell'equipaggio. Mi sentii davvero in colpa anche per l'equipaggio di cabina, che senza dubbio aveva pensato di aver messo al sicuro le porcellane e la vetreria in maniera adeguata; per i nostri soliti arrivi tranquilli, sono sicuro che i loro preparativi sarebbero stati perfetti.

Con i passeggeri ormai tutti scesi dall'aereo, Jimmy mi guardò torvo dall'altro lato della cabina di pilotaggio mentre si alzava dal suo posto. "Vado a controllare l'equipaggio di cabina e i danni. Tu aspetta lì".

Rimasi seduto in silenzio e sentii Jimmy parlare con gli assistenti di volo nella parte posteriore dell'aereo per alcuni minuti, prima che il rumore dei suoi passi si facesse più forte mentre tornava in cabina di pilotaggio. Mentre chiudeva la porta dietro di sé, mi preparai all'impatto.

"Che diavolo è successo?" chiese. Prima che potessi rispondere, iniziò a darmi addosso, riuscendo a malapena a contenere la rabbia. "Pensavo che sapessi pilotare! È stato imbarazzante per l'intero equipaggio: c'è un disastro laggiù fra stoviglie rotte e vetri ovunque. Quel che ha pensato Sir Geoffrey, al momento posso solo immaginarlo, ma lo scoprirò quando tornerà per il nostro volo domani. Mi assicurerò anche che sappia che non sarai più tu a pilotare".

Per i successivi dieci minuti fui il bersaglio dello sfogo di Jimmy. Elencò la documentazione che avrebbe dovuto compilare, il danno alla reputazione del nostro equipaggio – per non parlare della sua come comandante – e le scuse che avrebbe dovuto porgere a Sir Geoffrey. Ogni secondo mi sentivo più piccolo, e il mio palloncino di autostima si faceva sempre più sgonfio. Mentre la voce di Jimmy continuava a salire di tono, iniziai a pensare che forse, dopo tutto, non ero tagliato per fare il pilota su questi voli ufficiali e avrei dovuto lasciare il compito a chi non commetteva errori. In quel momento, seduto in cabina di pilotaggio, volevo soltanto sparire. Mentre la mia mente si sintonizzava su ciò che stava dicendo Jimmy, mi resi conto che probabilmente anche lui condivideva quel pensiero.

"Per il resto dell'intero viaggio, sarò io a pilotare", dichiarò. "Dato che non abbiamo un altro pilota che possa sostituirti, finché non torneremo nel Regno Unito rimarrai parte di questo equipaggio, ma sarai limitato ai compiti amministrativi e ti occuperai delle interazioni radio con il controllo del traffico aereo. Non metterai più le mani sui comandi. In questo modo forse c'è una possibilità che possiamo recuperare la nostra reputazione".

Quella che originariamente doveva essere un'esperienza emozionante, cioè tornare in Bahrein, e poi in Australia e Hong Kong, si trasformò in un lavoro ingrato. Quando finalmente tornammo nel Regno Unito, Jimmy riferì l'accaduto al nostro *squadron commander*, e io fui rimosso dal gruppo di coloro che pilotavano gli aerei per il primo ministro e altri VIP. Da lì la mia carriera sembrò precipitare sempre più in basso. Avevo perso la fiducia nelle mie capacità e iniziai a fare altri errori sciocchi. Le possibilità che diventassi comandante iniziarono a farsi sempre più distanti. Più passava il tempo, meno sentivo di appartenere.

Solo che questo non è quello che accadde realmente. (E Jimmy, se stai leggendo, perdona la licenza poetica che ho usato per dimostrare la mia tesi.)

Riavvolgiamo...

Mentre Sir Geoffrey veniva portato via verso le sue riunioni, in cabina di pilotaggio calò un silenzio imbarazzante. Non avendo la fama di uno che sorrideva molto, Jimmy per un attimo sembrò darmi un'occhiataccia dall'altro lato della cabina. Questa impressione svanì rapidamente, mentre la sua espressione lasciava il posto ad un sorriso mite, e scherzò: "Beh, almeno tutti sanno che siamo arrivati!" Così ruppe il ghiaccio e tutti risero, me compreso.

Sapevo di non essere ancora fuori dai guai. Jimmy avrebbe avuto tutto il diritto di essere irritato dalla mia gestione dell'aereo. Dopotutto, anche se aveva delegato a me il volo per quel viaggio, era lui il comandante e sarebbe stato lui a dover rispondere a qualsiasi feedback negativo rivolto all'equipaggio. Era in gioco la sua reputazione, e sarebbe stato comprensibile se avesse ripreso i comandi per il resto del viaggio, raccomandando la mia rimozione dai futuri voli di alto profilo. Jimmy avrebbe potuto anche scegliere di farmi un resoconto dettagliato degli errori che avevo commesso, approfondendo i dettagli più delicati della manovrabilità dell'aereo.

Jimmy scelse di non fare niente di tutto ciò. Sapeva come mi sentivo, dal momento che probabilmente aveva anche lui commesso qualche errore del genere all'inizio della sua carriera, e poteva vedere dal mio atteggiamento di silenziosa riflessione che mi stavo assumendo la piena responsabilità dell'accaduto. Non c'era bisogno che mi rimproverasse o che analizzasse la mia tecnica di volo: lo stavo già facendo per conto mio.

Ciò che doveva fare era riportarmi nella squadra e farmi sentire di *appartenere* ancora, come risorsa preziosa per il team. Doveva aiutarmi a rigonfiare il mio palloncino per ripristinare la mia umile autostima, di modo che potessi esprimere le mie capacità senza che i dubbi su me stesso si intromettessero. Ciò nonostante, ciò che accadde dopo mi colse completamente di sorpresa.

Jimmy continuò, spiegando che lui e il navigatore sarebbero andati a incontrare i responsabili del controllo del traffico aereo per parlare di nuovo dei lavori sulla pista, e di come avrebbero potuto influenzare la nostra partenza il giorno successivo. Voleva che nel frattempo io restassi a bordo e, con l'aiuto dell'ingegnere di volo, riaccendessi i motori dell'aereo e lo portassi fino al punto in cui doveva essere parcheggiato per la notte, sul lato opposto dell'aeroporto. Sapevamo tutti che ciò non era strettamente consentito, poiché l'intero equipaggio della cabina di pilotaggio doveva essere presente durante le manovre di spostamento. Ma l'aeroporto era tranquillo, con pochissimi altri aerei in giro, e immaginai che Jimmy ritenesse che questo suo atto di fiducia nei miei confronti avrebbe rapidamente ripristinato anche la fiducia che avevo io nelle mie capacità.

"E, ah", disse Jimmy mentre si alzava per andarsene, "domani vorrei che pilotassi tu l'aereo da qui al Bahrein".

Il modo in cui Jimmy scelse di essere leader in questa situazione fu essenziale. Influenzò in modo fondamentale il modo in cui continuai a svolgere il mio ruolo nelle ore e nei giorni successivi. Anche se mi sentivo deluso dalla mia prestazione, riuscii velocemente a metterla in prospettiva. Questo in gran parte grazie al tono che aveva usato Jimmy – tono che mi permise di sentire che mi sosteneva, che avevo ancora un posto nel team e che appartenevo.

Capita a tutti, qualche volta, di cadere al di sotto del livello che ci siamo prefissati. Ma ciò che conta è il modo in cui riusciamo a rialzarci, e i leader intorno a noi sono coloro i quali hanno il potere di accelerare questo processo. Se invece

Jimmy avesse scelto di lasciare che il suo ego venisse intaccato dal modo in cui gli eventi si riflettevano su di lui, è probabile che se la sarebbe presa con me in un modo simile alla prima versione di questa storia. Se lo avesse fatto, avrebbe potuto compromettere completamente il contributo che detti sul volo successivo, e provocare una demotivazione sempre maggiore in me.

Quando qualcuno nel nostro team commette un errore, il modo in cui rispondiamo può avere conseguenze a lungo termine.

Il giorno dopo pilotai bene. Nei mesi che seguirono, fui parte dell'equipaggio che accompagnò il primo ministro e altri rappresentanti di governo altre dodici volte, prima degli ultimi passi del mio percorso per diventare comandante.

Guardandomi indietro, in quei momenti critici nella cabina di pilotaggio in Brunei, Jimmy aveva il potere di innescare in me una crescita positiva o un potenziale declino, in egual misura. Scelse di essere un Jumpseat Leader.

Le scelte che facciamo come leader di fronte agli errori dei membri del nostro team hanno conseguenze che vanno ben oltre l'immediato. I secondi contano, e noi possiamo fermarci e utilizzarne qualcuno per rispondere in un modo che porti beneficio al quadro più ampio.

NELLE SCARPE DELL'ALTRO

Sei anni e innumerevoli ore di volo dopo, fui promosso nella RAF ed ero in uno *squadron*. Il ruolo del *flight commander* è simile al middle manager di una azienda. Riferivo allo *squadron commander* e, insieme ad altri due *flight commander*, ero responsabile della gestione quotidiana dello *squadron*.

Mi era stato affidato il compito di essere leader di un distaccamento di circa quaranta persone fra membri di equipaggio di volo e ingegneri della manutenzione. Attrezzati con tre aerei per il rifornimento in volo, ci eravamo trasferiti in una base aerea in Scozia per partecipare ad un'esercitazione militare di una settimana. Era la prima volta che ero leader di un simile dislocamento e volevo assicurarmi che tutto andasse secondo i piani.

Sfortunatamente, la notizia che ricevetti la mattina dopo il nostro arrivo in Scozia suggeriva che non sarebbe andata così: i miei due ingegneri di manutenzione più anziani non si erano presentati in servizio. Erano i supervisori della mia squadra di tecnici: senza di loro gli aerei non sarebbero andati da nessuna parte. Non fu un buon inizio.

Venne fuori che i due uomini in questione – chiamiamoli Dan e Matt – avevano dormito troppo dopo essersi goduti una serata fuori, nella cittadina locale. Mandai qualcuno a cercarli, e alla fine arrivarono con quasi due ore di ritardo. Un comportamento del genere era inaccettabile. Ero tutt'altro che contento. La questione era come avrei dovuto affrontare la situazione. Li feci aspettare entrambi in una stanza adiacente al mio ufficio mentre ci pensavo.

Pensai che Dan e Matt si rendevano certamente conto di aver commesso un errore e che era probabile che si aspettassero che mi mettessi a gridare e a inveire. A dire il vero, ero in ansia.

Non avevo mai dovuto affrontare questo tipo di situazione prima. Questi due uomini, sebbene di grado inferiore al mio, erano più anziani di me per numero di anni di servizio e lo erano anche anagraficamente, il che, a parer mio, non aiutava. Ed ero consapevole che avrei dovuto fare affidamento su di loro per il resto della settimana: dovevamo lavorare insieme per completare la nostra missione.

Dovevo trovare un modo per redarguirli in modo adeguato per il loro comportamento e per il cattivo esempio che avevano dato agli uomini e alle donne del loro team, che li ammiravano come leader. Ma dovevo farlo in una maniera che conservasse il loro senso di appartenenza. Se non ci fossi riuscito, in seguito avrebbero provato risentimento nei miei confronti, e riluttanza ad impegnarsi pienamente nel nostro compito. Questo sentimento non trova posto in un team efficace, e certamente non quando sono coinvolti il volo e la sicurezza.

Uno dei vantaggi del sistema militare è che coloro che appartengono ai ranghi superiori vengono riassegnati ogni due o tre anni. Ciò significa che ognuno è esposto a diversi stili di leadership – sia buoni che meno buoni – il che dà l'opportunità di esplorare e trovare il proprio stile, in base alle esperienze con gli altri.

Anche se questo accadeva all'inizio del mio percorso di leadership, sapevo già che gridare e inveire contro le persone in queste situazioni non era il mio stile. Mi ricordai anche di un consiglio che mi era stato dato qualche anno prima: quando rimproveri qualcuno, assicurati che quella persona lasci la stanza concentrata su *cosa hai detto* e non su *come lo hai detto*. In altre parole, se non ricordano altro che le tue urla e le tue invettive contro di loro, non ha funzionato. Dopo essermi chiarito le idee, chiesi che Dan e Matt venissero accompagnati nel mio ufficio.

Ciò che mi è rimasto in mente ancora oggi è quanto tremavano mentre stavano sull'attenti davanti a me. Davvero non me lo aspettavo. Sebbene non abbia influenzato il modo in cui poi affrontai la conversazione, fu la conferma che stavano prendendo sul serio la loro situazione. Se fossero rimasti lì con un sorriso sulle labbra, sarebbe stata una storia molto diversa.

Non potevano sapere quanto tremassi anch'io, in quel momento, seduto com'ero dietro una solida scrivania. Probabilmente erano preoccupati al pensiero di come io avessi il potere di agire in modi che avrebbero seriamente ostacolato la loro carriera.

Quello che dissi loro non richiese molto tempo. In silenzio e con calma chiesi a ciascuno di spiegare perché erano arrivati in ritardo quella mattina. Ascoltavo mentre Dan e Matt confermavano ciò che già sapevo, assumendosi la piena responsabilità delle loro azioni e scusandosi per la loro inaccettabile mancanza di giudizio. Quando le loro voci si affievolirono, lasciai cadere il silenzio mentre valutavo i due esseri umani che tremavano davanti a me. Era giunto il momento di usare il mio giudizio.

Con voce misurata, ricordai loro che, in quanto ingegneri e supervisori *senior* della manutenzione, loro davano il tono alla squadra di cui erano leader. Il loro comportamento era stato del tutto inaccettabile per persone del loro rango e posizione. Avevano deluso me, il loro team, e loro stessi. Mi aspettavo di meglio.

Chiesi se avevano qualcos'altro da dire. Rinnovarono le loro scuse e si impegnarono a rimediare al proprio comportamento nei giorni successivi. Risposi che non vedevo l'ora, li congedai, e lasciarono il mio ufficio.

L'OPPORTUNITÀ

All'epoca non me ne rendevo conto, ma il modo in cui affrontai il comportamento di Dan e Matt creò un'opportunità. Sarebbe stato pienamente giustificato da parte mia intraprendere azioni più formali che avrebbero influenzato negativamente le loro carriere. Invece, creai lo spazio affinché potessero prendere l'iniziativa e scegliere di essere leader.

Durante il resto della settimana non avrei potuto chiedere di più da loro. Fecero di tutto per garantire che l'aereo fosse riparabile e pronto a volare. Risolsero i problemi di manutenzione in modo efficace e dimostrarono egregiamente di essere ottimi leader del loro team di ingegneri. Il nostro dislocamento in Scozia fu un grande successo. Per il resto del mio tempo come *flight commander*, ogni volta che dovevo operare un distaccamento con aerei lontano dalla nostra base, Dan o Matt erano la mia prima scelta come supervisori tecnici. Non mi hanno mai più deluso. Era chiaro che provavano un certo grado di lealtà e gratitudine nei miei confronti, forse in un modo simile a quello che provavo io nei confronti di Jimmy Jewell dopo aver commesso un errore diversi anni prima. Ancora più importante, sentivano lealtà verso il loro team e verso ciò che era richiesto loro in quanto leader.

CI VUOLE PRATICA

Nonostante anni di conversazioni difficili, continuo a non trovare facile il doverle affrontare, e mi richiedono molta riflessione e pianificazione. Dover parlare con qualcuno che ha commesso un errore è cosa ardua da fare bene, soprattutto perché persone diverse rispondono in modi diversi.

Un mio caro amico, Mike, è il tesoriere di uno dei college dell'Università di Oxford. Dirige il team che fa funzionare il college, dagli alloggi per gli studenti fino alla ristorazione, compresa la sicurezza, la manutenzione degli edifici e tutto quello che sta nel mezzo. Conosco Mike da molti anni, avendo prestato servizio con lui nella RAF. È un eccellente Jumpseat Leader, totalmente impegnato ad elevare gli altri e ad aiutarli a crescere. Forse c'è poco da meravigliarsi che abbia successo lavorando per un'organizzazione progettata per fare esattamente questo.

Tra le sue molte abilità, Mike è una persona che rispetto per la sua capacità di sostenere conversazioni difficili a beneficio dell'elevazione degli altri. Lo trovo un maestro in questo, con una naturale capacità di trovare le parole giuste e il tono appropriato. È un'abilità molto importante per qualsiasi leader, e volevo imparare il segreto di Mike per poter migliorare. Ci siamo incontrati a pranzo e gli ho chiesto come riuscisse ad affrontare queste conversazioni con tanta facilità.

Mostrando un'umile autostima che gli viene del tutto naturale, Mike sembrò sinceramente sorpreso quando dissi che lo consideravo un esperto in questa materia. Mi spiegò che, prima di una conversazione difficile, spesso restava sveglio la notte, cercando tutti i possibili modi in cui avrebbe potuto affrontare la situazione e i probabili risultati. Per Mike, avere conversazioni difficili è, beh, difficile. Il segreto della sua capacità di renderle così efficaci è la sua fiducia nel potenziale degli altri. La sua motivazione nell'affrontare qualsiasi conversazione difficile nasce dal fatto che vuole che l'altra persona sia la versione migliore di se stessa.

SPIRALE VERSO L'ALTO

La spiegazione di Mike arriva al nocciolo della questione su come possiamo gestire al meglio gli errori come Jumpseat Leader. Ci richiede che la cosa ci importi così tanto da investirci il nostro tempo. È relativamente facile prendere a male parole qualcuno quando ha commesso un errore. Ma questa reazione di solito deriva dalla nostra stessa paura. Abbiamo paura di come gli errori di qualcuno possano influenzare la nostra vita, il nostro sostentamento, il nostro status o la nostra reputazione. Quando è la paura a guidarci, può farci precipitare in una spirale verso il basso. Senza dubbio la nostra reazione negativa farà sì che la persona si senta esclusa e demotivata, oltre a indebolire il suo senso di appartenenza. Cosa che a sua volta può diminuire l'impegno e il contributo che la persona è disposta a spendere andando avanti. Una spirale discendente può avere conseguenze anche nel futuro.

Nei secondi critici che precedono l'inizio di una conversazione difficile, possiamo scegliere che ciò che seguirà diventi un'opportunità di crescita positiva. Questo significa che ci andiamo sempre piano con le persone quando commettono un errore? Niente affatto. Dobbiamo farci guidare da quanto *ritengono importante* ciò che hanno fatto e l'impatto che ha avuto. E se a loro non importa abbastanza, forse questo la dice di più sulla nostra leadership e sull'ambiente che creiamo che su di loro.

— CONSIDERATE QUESTO —

Quando qualcuno in un team fa un errore, è un'opportunità per creare una spirale verso l'alto ed evitare una spirale verso il basso. Dobbiamo essere pronti a fermarci e a resistere a qualsiasi tendenza naturale a reagire, spesso guidata dalla paura che la nostra vita, il nostro sostentamento, il nostro status o la nostra reputazione siano minacciati.

◆ **IMPARARE A VOLARE**

Considerate questo: di solito il modo in cui trattiamo noi stessi è il modo in cui trattiamo gli altri.

Come considerate i vostri errori? Provate immediatamente a risolverli? Li nascondete? Fate una pausa prima di criticarvi? Prendete nota delle vostre azioni e dei vostri sentimenti.

Gli errori sono inevitabili. Siamo umani. Concedete a voi stessi un po' di grazia, fate un respiro profondo e poi agite.

La prossima volta che qualcuno vi delude, prendetevi un momento per considerare il modo in cui volete che finisca la conversazione con quella persona. Volete che ricordi *quello che avete detto* in modo che abbia l'opportunità di imparare e fare bene? O volete che ricordi il *modo in cui l'avete detto*, che probabilmente farà sentire meglio solo voi?

◆ **VOLARE**

Considerate questo: man mano che assumete maggiori responsabilità e lavori con più persone, aumenta la possibilità di fare errori.

La prossima volta che dovrete affrontare una conversazione difficile, prendetevi del tempo per considerare cosa direte e come l'altra persona potrebbe rispondere. Immaginate diversi scenari nella vostra testa, tenendo conto del risultato a lungo termine che state cercando, non solo del risultato immediato.

Lasciatevi guidare dalle vostre *stand*. Questo vi consentirà di essere meglio preparati per la conversazione, e di agire in base al desiderio di continuare a coltivare un senso di appartenenza.

◆ **INSEGNARE AGLI ALTRI A VOLARE**

Considerate questo: la prossima volta che viene commesso un errore in pubblico, usatelo come un'opportunità per elevare quella persona davanti a tutti.

Mostrate al vostro team che gli errori possono succedere, e quando si sceglie di correggerli insieme, tutti prosperano e continuano a sentire di appartenere.

◆ PRATICARE LA JUMPSEAT LEADERSHIP

Considerate questo: la prossima volta che percepite che qualcuno è in una spirale discendente, aiutatelo a vedere che può essere un'opportunità per una crescita positiva.

Sedetevi e ascoltatelo. Relazionatevi con lui e, se possibile, parlategli di un momento della vostra vita che rispecchia ciò che sta accadendo nella sua.

Spiegategli i passi necessari e il tempo impiegato, in modo che possa iniziare a vedere la possibilità del proprio percorso verso l'alto.

Capitolo 12

Passare il comando

Benvenuto al tuo nuovo lavoro. Prima di iniziare, vorrei parlarti di come funziona l'azienda e dell'ispirazione dietro ciò che facciamo. Siamo un'organizzazione mossa da uno scopo, siamo guidati da una missione. Il nostro scopo è lavorare per un mondo in cui ognuno abbia la totale libertà di essere chi vuole essere, dove non esiste giudizio. La nostra missione è quella di essere la destinazione numero uno al mondo per i ventenni amanti della moda. Potresti chiedermi di definire meglio, ma non lo farò poiché è una missione mutevole che non dovremo portare a termine mai e poi mai. È come seguire la Stella Polare: non ci arriveremo mai, ma continueremo a seguirla. Quindi, non darò una definizione più specifica, ma ti darò alcuni suggerimenti lungo il percorso.

Il nostro obiettivo è espandere la nostra attività fino a farla diventare molto più grande di quanto lo sia oggi. Ma quello che voglio che tu capisca sono i nostri valori che ci guidano nel viaggio. Per prima cosa voglio che tu sia *autentico*: sei stato scelto per il tuo talento, la tua passione ed il tuo entusiasmo. Tutto quello che ti chiedo è che ogni giorno tu porti al lavoro la versione migliore di te stesso. Poi voglio che tu sia *coraggioso*. Che tu usi coraggio in tutto ciò che fai e che tu abbia coraggio fin dall'inizio. Non dimenticare di girare a sinistra quando tutti gli altri girano a destra, perché girando a sinistra potresti trovare qualcosa di interessante. Voglio anche che tu sia *creativo* in tutto ciò che fai. Stiamo soltanto vendendo vestiti. Facciamo tutto ciò che facciamo in modo creativo e divertiamoci. Infine, voglio che tu abbia *disciplina*. Non si tratta di una morte inflitta tramite indicatori chiave di prestazione o di fogli di calcolo. Si tratta di affinare le tue abilità. Come la rock band che realizza il suo primo album basandosi su passione e talento assoluti, ma poi riceve dieci dischi di platino affinando la propria arte. Ogni stella dello sport, ogni creativo – ognuno affina il proprio mestiere attraverso la disciplina.

Quindi, siamo mossi da uno scopo, guidati da una missione e pilotati da questi quattro valori. C'è un altro aspetto davvero importante per capire perché facciamo quello che facciamo e come lo facciamo. Questo è che il nostro approccio alla moda viene svolto con integrità: verso le persone, i prodotti, il packaging e il pianeta. È incorporato in ciò che facciamo. Tutto ciò che ho appena descritto parla di comportamenti – comportamenti che creano una cultura inclusiva. Questi non sono opzionali: ci uniscono e sono parte di ciò che siamo.

Il discorso sopra è preso parola per parola da una telefonata che ebbi nel marzo 2021 con Nick Beighton, amministratore delegato di ASOS, il rivenditore globale di moda e cosmetici. Completamente improvvisata e senza alcun preavviso della domanda, questa fu la risposta di Nick quando gli chiesi cosa mi avrebbe detto se fossi stato un suo nuovo dipendente il primo giorno di lavoro.

ASOS è stata fondata nel 2000. Nick è entrato a far parte dell'azienda nel 2009 come direttore finanziario e ne è diventato amministratore delegato poco più di cinque anni dopo. Interamente online, ASOS, nel momento in cui scrivo, è cresciuta fino a diventare un'azienda multimiliardaria, al servizio di clienti in oltre duecento paesi e territori. Hanno ottantacinquemila tipi distinti di articoli in vendita. Ciò equivale a oltre quattrocentomila prodotti. Ogni settimana introducono sul loro sito web cinquemila nuovi prodotti, pronti per la vendita: circa ottanta articoli ogni ora lavorativa. Ognuno di questi deve essere fotografato in uno studio e avere descrizioni scritte, corrette e pubblicate. Naturalmente, l'azienda deve anche coordinare lo stock e garantire che la logistica sia predisposta per effettuare consegne in tutto il mondo. Prima che questo si verifichi, i team di ASOS devono trovare e curare i prodotti che vogliono vendere. Offrono oltre ottocentocinquanta brand diversi, oltre ai propri, di abbigliamento, calzature e accessori. Per portare tutto questo sul mercato occorre un esercito di circa quattromila dipendenti a tempo pieno, la cui età media è di appena ventisette anni.

Ventisette. Quando me lo disse, mi sembrò che andasse contro tutto ciò che molti hanno da dire sulla nostra forza lavoro in arrivo. Nick aveva la mia totale attenzione. Volevo sapere, *Com'è possibile tutto questo?*

ASOS crede in un mondo in cui hai la libertà di essere te stesso, dove non esiste giudizio. Vuole spronare i suoi clienti ad essere coraggiosi e ad affrontare la vita nella sua straordinaria avventura. ASOS ritiene che il proprio ruolo sia quello di garantire che tutti abbiano le stesse possibilità di scoprire tutte le cose straordinarie di cui sono capaci, indipendentemente da background, razza, cultura o genere. Attraverso il potente mezzo della moda, ASOS offre ai suoi clienti l'opportunità di esplorare e scoprire chi sono e come si inseriscono nel mondo, e avere la sicurezza necessaria per esprimerlo. In altre parole, per scoprire in che modo appartengono. Questo vale anche per i suoi dipendenti.

Mettere insieme tutte queste parti in movimento rispetto a scadenze strettissime richiede disciplina e precisione. Per un esterno che fa una passeggiata, come feci io, attraverso i corridoi del loro quartier generale di Londra, all'inizio sembra quasi un caos. C'erano campioni di vestiti, scarpe e tessuti che coprivano le scrivanie; scaffali dal pavimento al soffitto pieni di prodotti; e file infinite di grucce. Di tanto in tanto, trovavo piccoli gruppi di persone sedute insieme sul pavimento, che chiacchieravano animatamente attorno a schizzi di nuovi progetti. In un'altra parte dell'edificio c'erano sei studi fotografici completamente attrezzati, con modelle che lavoravano in tag team per far sì che i fotografi non smettessero di scattare. Oltre a ciò, altri lavoravano su avanzatissime postazioni grafiche per garantire che i prodotti fotografati la mattina apparissero sul sito web il pomeriggio stesso.

Come mi spiegò Nick, più velocemente riescono a far passare i prodotti attraverso lo studio, più efficiente diventa il processo e più volte possono servire i propri clienti.

ASOS considera la crescita del proprio personale un fattore chiave per la propria attività. Investono nella creazione di un senso di appartenenza, in cui tutti possono avere la sicurezza di presentarsi come se stessi, rimanendo fedeli alla missione di ASOS. Questo crea l'ambiente in cui le persone vogliono farsi avanti e assumersi la responsabilità del proprio lavoro e dei processi coinvolti.

Guidata da Nick, ASOS apre le porte alla pratica di passare il comando quanto più possibile, anche al dipendente più giovane. Sebbene il ritmo sia eccezionalmente alto, tutti quelli che ho incontrato sembravano energici e concentrati perché c'è la sensazione che siano loro a pilotare l'aereo. Sono loro che hanno le mani sui comandi.

OH, È NORMALE

Durante la mia visita alla loro sede, Nick mi portò a pranzo nel ristorante aziendale. Il servizio, in uno spazio aperto luminoso e accogliente, funzionava con lo stesso ritmo ed efficienza del resto dell'organizzazione.

Ci mettemmo in coda e facemmo la fila con tutti gli altri. L'atmosfera era vivace, i colleghi chiacchieravano animatamente tra loro del proprio lavoro, e mentre sorridevano e riconoscevano Nick, non ci fu alcuna interruzione nelle loro conversazioni. Si sentivano chiaramente rilassati e in grado di continuare a essere se stessi. Tutto era così diverso, pensai, da molte aziende visitate, dove tutti smettono di parlare quando i dirigenti entrano nella stanza, o fanno un passo indietro con deferenza mentre gli impiegati di ruolo alto si dirigono rapidamente verso la loro sala da pranzo riservata.

Mentre aspettavamo in fila, sembrò che ci fosse un picco di energia in un punto del ristorante, proprio davanti a dove ci trovavamo. Un piccolo gruppo aveva cominciato a saltare su e giù con entusiasmo, sventolando palloncini e striscioni. Chiesi a Nick cosa stesse succedendo.

"Oh, è normale", disse. "Sembra il lancio di un nuovo prodotto. Succede abbastanza spesso durante l'ora di pranzo. Aiuta a diffondere il messaggio tra le nostre persone e celebra in modo informale ciò che i singoli team hanno realizzato".

Man mano che ci avvicinavamo, potevo vedere che era stato fatto molto lavoro per l'evento – era chiaramente qualcosa di importante legato ad un marchio ben noto. I membri del team del progetto mostravano ai colleghi i nuovi prodotti, e alcuni si mettevano in posa mentre fingevano di essere i modelli della nuova linea.

Ciò che mi colpì fu quanto Nick fosse rilassato. Ebbi l'impressione che non avesse avuto alcun diretto coinvolgimento nel lancio. Sapeva che le sue persone erano tutte allineate al proprio scopo e alla propria missione. Si fidava della loro comprensione di ciò che dovevano fare e dei risultati che dovevano raggiungere. Ciò rispecchiava quello che avevo visto in giro per l'intero edificio:

era come guardare una flotta di aerei decollare, ognuno con il proprio comandante, con Nick presente soltanto per assicurarsi che avessero ciò di cui avevano bisogno per staccarsi dal suolo.

RESPONSIBILITY E *ACCOUNTABILITY*

In italiano la parola *responsabilità* cambia sfumatura di significato a seconda del contesto: possiamo "assumerci la responsabilità" o "dare la responsabilità". Anche in inglese esiste questa doppia sfumatura della parola *responsibility* che dipende dal contesto, ma possiamo sottolineare la distinzione fra i due concetti usando i due termini distinti *responsibility* e *accountability*. *Responsibility* etimologicamente si riconduce a "rispondere", si basa sulla risposta istintiva che ci viene da dentro, ha a che fare con il nostro essere, e riguarda un impegno che ci prendiamo con noi stessi. Nell'etimologia della parola *accountability* risuona invece l'importanza di rendere conto a qualcuno, quindi ha a che fare con un impegno che ci prendiamo con altri.

Non c'è niente di peggio che sentirsi dire che si ha il controllo e poi vederselo portare via quasi immediatamente.

Ricordo che questo mi accadde mentre cercavo di trovare la mia strada come comandante di aereo appena abilitato. Stavo pilotando un aereo militare con un esperto esaminatore – chiamiamolo Mark – che mi stava facendo da copilota, esattamente come avrei fatto io per Calum molti anni dopo. Eravamo appena decollati dall'isola di Ascensione, un briciolo di terra che si trova nel mezzo dell'Oceano Atlantico, tra l'Africa e il Sud America.

Ci eravamo appena alzati da terra quando, con mia sorpresa, Mark disse: "Ho io il comando", e prese il comando dell'aereo.

Quello che in quel momento non sapevo era che aveva concordato con i controllori del traffico aereo di sorvolare la torre prima di prendere la rotta per il Regno Unito – cosa su cui mi sarei aspettato che mi informasse in anticipo. Ovviamente anche lui voleva divertirsi un po', ma il modo in cui lo fece ebbe un impatto negativo su di me. Il resto dell'equipaggio sapeva del piano, ma io no. Mi sentii escluso dal giro e sminuito nel mio ruolo di comandante. Sentivo di non appartenere. Anche se sono sicuro che non fosse questo l'intento di Mark, è esattamente ciò che può accadere quando usiamo la nostra autorità e inavvertitamente sabotiamo la responsabilità che altri si sono assunti.

Quando una persona sceglie di assumersi la responsabilità del proprio lavoro e delle proprie azioni, si dice che ne ha il possesso. Perché qualcuno sappia di possedere qualcosa, è necessario che gli passiamo il comando. Non è sempre facile.

Quando qualcuno ha le idee chiare sull'immagine sulla scatola e ha le competenze necessarie, dobbiamo farci da parte e lasciare che prenda il suo posto al timone. Mentre lo fa, sente che il contributo che sta dando aumenta, e il suo senso di appartenenza cresce.

Quando le persone scelgono di assumersi la responsabilità, iniziano a essere leader di se stesse senza la necessità di un manager o di un supervisore che le incoraggi. Questo è il momento in cui possiamo creare *velocità* in una squadra, ovvero rapidità con direzione. Questo è esattamente il risultato che vidi accadere in ASOS, ed esattamente ciò che Mark mi portò via.

La responsabilità che ci assumiamo (*responsibility*) è la gemella più potente della responsabilità che ci viene data (*accountability*). Sebbene i due termini siano spesso usati in modo intercambiabile, dal punto di vista della leadership può essere utile distinguerli.

La **accountability** è ciò che potremmo trovare in un contratto di lavoro. È ciò che ci aspettiamo che un individuo offra, e se non lo farà, dovrà rendere conto ad altri. Alle persone del nostro team diamo *accountability*.

La **responsibility** è diversa: è come guardare dall'altra parte del telescopio. La *responsibility* può solo essere assunta, ed è una scelta personale se farlo o meno.

Anche se potremmo imporre la *accountability* a qualcuno, non possiamo costringerlo ad assumersi la *responsibility*. Possiamo solo crearne l'opportunità, e poi dargli lo spazio per fare propria la scelta di assumerla. Ad esempio, possiamo dare *accountability* ad un adolescente perché metta la biancheria sporca nella cesta, ma è solo quando sceglie di assumersene la *responsibility* che la cosa viene fatta senza il nostro costante intervento. Allo stesso modo, negli affari potremmo dare *accountability* ad un manager per un progetto, governato da rigorosi indicatori e vincoli di prestazione. Tuttavia, è solo quando l'individuo sceglie di assumersi la *responsibility* di realizzare pienamente il progetto che probabilmente questo avverrà, e gli indicatori di prestazione saranno visti come un'opportunità piuttosto che come un onere. Se le persone non si sentono responsabili per il risultato, la loro mancanza di impegno porterà sicuramente a risultati peggiori. Probabilmente daranno la colpa ad altri per possibili fallimenti o magari decideranno semplicemente di smettere del tutto di dedicarsi al progetto.

ATTEGGIAMENTO MENTALE

Essere responsabili è un **atteggiamento mentale**, una impostazione. Quando la scelta di essere responsabili si estende a tutto un gruppo, diventa parte della cultura.

Quando i nostri bambini giocano per strada con i loro amici, come genitori siamo tenuti a rendere conto, siamo cioè *accountable*, della loro sicurezza. Eppure, se vediamo un pericolo, come un'auto o magari uno sconosciuto che presta loro troppe attenzioni, ci assumiamo la responsabilità di proteggere l'intero gruppo di bambini, non solo i nostri.

In un grande cantiere, ci sarà qualcuno formalmente *accountable*, un responsabile che dovrà rendere conto, della sicurezza, ma il cantiere sarà esente da incidenti solo quando tutti sceglieranno di assumersi la responsabilità della sicurezza e del benessere degli altri e di se stessi. Ci sarà quindi una volontà condivisa di farsi avanti e intervenire se qualcuno sta per rischiare un infortunio a causa delle proprie azioni, come usare un metodo potenzialmente pericoloso come scorciatoia per completare un compito.

Un team gestito solo sulla base della *accountability* non è efficace, agile, motivato o creativo quanto invece lo è un team che includa coloro che si assumono la responsabilità personale (*responsibility*). La maggior parte di noi lo sa istintivamente.

Affinché le persone scelgano di assumersi la responsabilità, ciò che spesso manca è un sufficiente senso di appartenenza. Sappiamo di vivere in una cultura della *accountability* in cui, se qualcosa va storto, le persone cercano immediatamente di incolpare gli altri.

Quando qualcosa va storto in una cultura della *responsibility*, le persone si riuniscono per capire come aiutare a risolvere il problema e come lavorare meglio insieme in futuro.

DELEGA, NON ABDICAZIONE

Un Jumpseat Leader deve coltivare un ambiente in cui le persone siano disposte ad assumersi la responsabilità, poiché senza di essa, non può esistere una delega efficace.

È improbabile che deleghiamo a una persona a meno che non sentiamo di poter contare sul fatto che voglia assumersi la responsabilità di completare ciò che le abbiamo chiesto. Quando deleghiamo, liberiamo tempo ed energie per concentrarci su quelle cose che solo noi possiamo fare, e che quindi abbiamo l'opportunità di fare. È importante sottolineare che una delega efficace rafforza il senso di appartenenza, offrendo alle persone maggiori opportunità di contribuire. Appartenenza – responsabilità – delega – appartenenza: si crea un ciclo generativo quando scegliamo di passare il comando.

Quando presi il comando del mio squadrone della RAF, ricordo che mi fu consigliato, con tipico umorismo militare, *Elimina, delega o muori!* In altre parole, di identificare ed eliminare quelle cose che non sono importanti (l'equivalente dello spam che arriva nella nostra casella di posta elettronica) e di delegare il più possibile per il resto. L'alternativa sarebbe sprofondare sotto il peso di tutto questo. Tuttavia, la delega può spaventare, soprattutto quando riguarda qualcosa che è fondamentale o comunque importante per noi. La paura può insinuarsi e possiamo finire per microgestire o, all'estremo opposto, per abdicare alla responsabilità. Abdicare significa allontanarsi e rinnegare completamente il processo e il risultato, incolpando gli altri se tutto va storto. Allo stesso modo, non possiamo usare la delega per evitare di assumerci la responsabilità di compiti che non ci piacciono. Questo è un modo infallibile per sradicare l'impegno e il rispetto reciproco e indebolire ogni senso di appartenenza. Una delega efficace richiede pratica.

Nel capitolo 7 ho raccontato la storia di un volo a Nairobi, durante il quale le ruote non si abbassavano e ci trovammo a dover affrontare un atterraggio di emergenza. Il comandante, Tony, delegò il compito di eseguire l'atterraggio di emergenza a me, il suo copilota. Ero adeguatamente formato e capace e, durante l'intero corso dell'emergenza, Tony continuava a essere presente per darmi sostegno. Mi lasciò procedere, senza microgestire. Tuttavia non *abdicò* la sua responsabilità nei confronti dell'aereo e di tutti quelli a bordo. Il fatto che io mi occupassi del volo dava a Tony la libertà di pensare agli eventi successivi all'atterraggio di fortuna, come la probabile evacuazione dei passeggeri e il coordinamento con i servizi di soccorso locali.

Una delega efficace migliora la nostra stessa capacità di pensare e pianificare. Nick Beighton mi spiegò che vede la delega come un moltiplicatore di forza e che dovremmo esercitarci a delegare fino al livello più basso possibile. Delegare garantisce che noi, come leader, non diventiamo il collo di bottiglia, il freno al sistema. Mentre delega, Nick spiega innanzitutto quale sarà il suo ruolo nel progetto, il motivo per cui il progetto è importante, e come si inserisce nello scopo generale e nella missione dell'azienda. Chiede quindi all'altra persona di allontanarsi e riflettere prima di tornare da lui con la richiesta delle risorse che gli servono. A questo punto parlano e concordano anche la frequenza con cui Nick controllerà il progetto e la velocità con cui questo andrà avanti. Poi Nick lascia che tutto proceda.

Il punto di vista di Nick sulla delega rispecchia l'approccio che ho sperimentato nell'esercito. In qualità di *squadron commander*, mi assicuravo innanzitutto che coloro a cui chiedevo di portare a termine il compito fossero adeguatamente addestrati ed equipaggiati. Spiegavo cosa avevo bisogno che l'individuo o il team facessero e il risultato che dovevano raggiungere. Fondamentalmente, parlavo di *perché* il compito fosse importante, delle tempistiche coinvolte e di come il compito si adattava al piano o alla missione generale. Era essenziale che tutti i soggetti coinvolti apprezzassero il quadro più ampio, poiché ciò avrebbe consentito loro di adattarsi, di adattare il modo in cui svolgevano il compito se le circostanze fossero cambiate, e di raggiungere comunque il risultato. Senza questa prospettiva più ampia, le loro azioni potevano influenzare negativamente altri al di fuori del loro team. A quel punto facevo un passo indietro e consentivo loro di capire come fare quello che era loro richiesto, rimanendo comunque disponibile a offrire consigli o supporto se necessario.

Ciò che scoprivo sempre più spesso era che le persone si facevano avanti con le proprie idee per progetti o azioni che volevano perseguire. Si facevano avanti senza che nessuno glielo chiedesse. Io non dovevo fare altro che assicurarmi che rimanessero consapevoli del contesto più ampio e che avessero ciò che serviva loro per essere in grado di fare quello che era loro richiesto.

La delega è una strada a doppio senso. Potremmo delegare un compito a una persona del nostro team, ma per essere efficace, quella persona deve scegliere di assumersi la responsabilità. E ciò accade solo quando sente un forte senso di appartenenza.

IN TEMPI DI CRISI

Ci sono rare occasioni in cui, come leader, dobbiamo essere molto diretti e non lasciare spazio a dubbi, confusione o interpretazioni errate su ciò di cui abbiamo bisogno dal nostro team. C'è un solo contesto in cui ciò è giustificato: in caso di emergenza o di crisi, e solo quando sappiamo già quali azioni devono essere intraprese. Questo approccio lo chiamerò **comando e controllo**.

L'incendio del motore che si verificò sul volo United Airlines 328 poco dopo il decollo da Denver, in Colorado, il 20 febbraio 2021, è un esempio di un evento molto raro e per il quale i piloti si addestrano ampiamente nel caso in cui lo dovessero affrontare. Non è il momento per il comandante di chiedere all'equipaggio come ritiene di dover gestire la situazione. Piuttosto, il comandante darà un comando molto chiaro tipo "Procedura antincendio, motore numero due". L'equipaggio risponde quindi nel modo in cui è stato addestrato a fare, con una serie di azioni predeterminate. Il volo della United

Airlines atterrò sano e salvo e nessuno rimase ferito: una dimostrazione di come funziona davvero il processo.

Molti di noi hanno familiarità con azioni simili quando hanno i piedi saldamente per terra, come per le esercitazioni antincendio in un palazzo.

Diversi anni fa, stavo conducendo un workshop per il gruppo dirigente di Cuestamoras, un'azienda in Costa Rica. Mancava poco alla pausa pranzo, con il buffet allestito e pronto. All'improvviso si verificò un terremoto, e l'edificio cominciò a tremare violentemente. Suonò l'allarme, e nel giro di pochi istanti apparvero gli assistenti di sala, utilizzando *azioni immediate* predeterminate per indirizzare tutti verso l'area di raccolta. La risposta fu molto competente e messa in pratica perfettamente. Non ci fu discussione. Nessuno scambio di battute.

Quando i minuti o i secondi sono di importanza critica, per cui qualsiasi indugio rischierebbe di peggiorare la situazione, l'approccio comando-e-controllo funziona bene per innescare la risposta di un team a una crisi. L'evacuazione di un ufficio, un grave disastro petrolifero, una violazione dei dati aziendali o un attacco alla intranet: tutti questi eventi richiedono una risposta rapida. Per ciascuno di essi possono essere fatte previsioni, piani di emergenza, e formazione. Ciò garantisce una risposta appropriata da parte del team, anziché una reazione inappropriata, guidata dalla paura e dal panico. Controlliamo la paura usando la nostra autorità per dire – o comandare – alle nostre persone cosa fare.

Dopo che sono state intraprese queste azioni immediate, coloro che detengono l'autorità devono tornare rapidamente a fare uso della delega e alla creazione di un ambiente in cui gli altri si sentano in grado di contribuire a risolvere il problema, proprio come fece Gene Kranz durante la crisi dell'Apollo 13.

Se l'approccio di comando-e-controllo viene mantenuto al di là di queste azioni immediate, limiterà l'innovazione, creerà una cultura dell'"attesa di istruzioni" e, in ultima analisi, porterà alla demotivazione. È anche davvero estenuante come leader, per non dire praticamente impossibile, cercare di monitorare e dirigere ogni minima azione. Può funzionare bene in una crisi, ma a lungo termine, l'approccio di comando-e-controllo in cui bisogna dire alle persone cosa fare, finisce per minare la leadership.

QUATTRO LUCI ROSSE

Più siamo in grado di delegare, più eleviamo gli altri, e più diventano attrezzati per essere leader. La sfida per un Jumpseat Leader è sapere quando intervenire di nuovo quando le cose iniziano ad andare storte. Come facciamo a sapere quando è arrivato quel momento? Come possiamo intervenire in modo da non far scoppiare il palloncino di autostima dell'altra persona, che potrebbe richiedere settimane o mesi per tornare come prima?

Quando sentiamo che qualcosa è veramente importante, la natura umana ci spingerà naturalmente a intervenire e agire il prima possibile ogni volta che vediamo un problema o una minaccia. Ma se vogliamo sfruttare appieno il genio collettivo delle persone del nostro team e dar loro l'opportunità di essere leader, dobbiamo costruire i muscoli che ci consentano di lasciar andare quel bisogno di controllo.

Dovremmo certamente formare i nostri dipendenti nelle competenze di cui hanno bisogno. Eppure il viaggio della nostra vita ci ha insegnato che impariamo attraverso l'esperienza, il che significa inevitabilmente commettere alcuni errori lungo il percorso. È probabile che ognuno di noi abbia ricordi di quando gli altri hanno avuto fiducia nelle nostre capacità e ci hanno dato l'opportunità di fare un passo avanti, e di quanto sia stato esaltante, appagante ed energizzante. Quelle stesse persone erano presenti anche per aiutarci a rimetterci in piedi e ad andare avanti quando siamo caduti.

Sebbene i piloti professionisti si allenino ampiamente ai simulatori per imparare a far atterrare gli aerei in ogni tipo di condizioni atmosferiche avverse, non c'è nulla che possa sostituire l'adrenalina e la concentrazione che si provano quando lo si fa veramente. Quando si è in aria, non è possibile premere *pausa* e *riavvia* in caso di errore. Come comandante, può essere molto forte la tentazione di prendere il posto del copilota, ad esempio quando le condizioni meteo sono davvero difficili o quando il copilota non vola bene come potresti fare tu. Ma se intervieni, quel pilota non svilupperà mai l'esperienza di cui avrà bisogno per diventare un comandante in futuro quando non ci sarà più nessun altro a prendere i comandi.

Mi sono trovato di fronte a questo tipo di valutazione con un copilota – chiamiamolo John – che stava pilotando il nostro grande aereo passeggeri mentre iniziavamo l'avvicinamento all'aeroporto internazionale di Gander. Il tempo era piuttosto brutto, con venti forti che rendevano l'avvicinamento più impegnativo del solito. Questo è abbastanza comune per

Gander, appollaiato com'è sulla grande isola di Terranova, al largo della costa orientale del Canada continentale.

John iniziò bene. Poi, a poche miglia dalla pista, cominciammo a vedere quelli che sono noti come indicatori di percorso di avvicinamento di precisione, o PAPI. Si tratta di una serie di quattro luci sul lato della pista, che possono accendersi indipendentemente in rosso o in bianco, per aiutare i piloti a capire se si stanno avvicinando con l'assetto corretto per atterrare in sicurezza. L'obbiettivo è riuscire a vedere due luci rosse e due bianche. Se il pilota vede tre luci bianche e una rossa, l'aereo è troppo alto. Tre luci rosse e una bianca, è troppo basso. Quattro luci rosse significano che è talmente basso che potrebbe rischiare di toccare il suolo o un ostacolo prima della pista.

Inizialmente, vedevo due luci rosse e due bianche: tutto bene. Ma poi John lasciò che l'aereo scendesse più velocemente del dovuto, e i PAPI cambiarono in tre rossi e uno bianco: non tanto bene. Dissi a John che eravamo bassi e che doveva agire. John annuì, ma non intraprese l'azione necessaria, che sarebbe stata quella di aumentare la potenza dei motori.

Pur essendo preoccupato, volevo che John avesse l'opportunità di correggere il suo errore prima che io intervenissi. Pochi secondi dopo, i PAPI diventarono quattro luci rosse. Sebbene fossimo ancora a qualche centinaio di metri dal suolo, ci stavamo abbassando pericolosamente – troppo per effettuare un atterraggio sicuro. Avvisai John di aumentare la potenza. Non lo fece. Anche a quel punto, non presi i comandi. Invece, spinsi leggermente in avanti l'acceleratore del motore, dicendo a voce alta quello che stavo facendo mentre lo facevo. Riguadagnammo rapidamente l'assetto corretto, e John completò un atterraggio regolare.

C'erano stati diversi momenti in questo avvicinamento in cui avrei potuto prendere il comando del volo e scelsi di non farlo. Sapevo che John doveva imparare. Prendendo il comando in anticipo, avrei fatto scoppiare il palloncino di autostima di John. Fu solo quando capii che stavamo per raggiungere il punto oltre il quale non potevo recuperare la situazione in sicurezza che intervenni. Dovevo passare dal mio ruolo di grande seguace, che supportava John, al mio ruolo più ampio di comandante, con l'ulteriore responsabilità di garantire la sicurezza di tutte le persone a bordo.

John imparò dall'esperienza e dal successivo resoconto dettagliato. Più avanti nella sua carriera, divenne un comandante e istruttore di successo, aiutando i piloti più giovani a sviluppare le loro capacità, proprio nello stesso modo in cui io avevo aiutato lui a sviluppare le sue.

Probabilmente tutti noi possiamo pensare a momenti in cui siamo intervenuti troppo presto e abbiamo preso il posto di qualcuno del nostro team, giustificandola come la cosa più semplice, veloce o meno rischiosa da fare. Come quando scriviamo noi stessi l'e-mail a un cliente importante invece di chiedere all'account manager di scrivere una bozza e lavorarci poi insieme per perfezionarla. Forse possiamo anche ricordare momenti in cui ci è stato tolto il controllo e quanto ci siamo sentiti frustrati e sminuiti. Come quando stavamo imparando a guidare e l'istruttore prendeva la guida se il traffico si faceva intenso. E forse siamo fortunati e abbiamo ricordi di quando gli altri hanno avuto fiducia nelle nostre capacità e ci hanno dato l'opportunità di crescere, e di quanto sia stato bello. Come la prima volta che abbiamo concluso un grosso affare da soli.

Quando le azioni degli altri, nonostante le loro migliori intenzioni, hanno il potenziale di influenzare la nostra vita, il nostro sostentamento, il nostro status o la nostra reputazione, ci vuole il coraggio di aspettare prima di intervenire. Ci vuole il coraggio di aspettare finché non vediamo l'equivalente di quattro luci rosse. È quando troviamo quel coraggio che avviene la vera crescita nel nostro team e piantiamo il seme affinché anche gli altri si facciano avanti e diventino leader.

Capire quando riprendere il controllo può essere difficile, quindi ecco alcuni suggerimenti utili su cui riflettere prima di intervenire e riprendere il controllo:

◆ **Riconoscete che l'impulso di intervenire emergerà**

   È nella natura umana voler controllare quelle cose che sono veramente importanti per noi. Quando riconosciamo questo, possiamo prepararci.

◆ **Chiedetevi se l'impulso è guidato dall'amore o dalla paura**

   Quando sentiamo l'impulso di intervenire, dobbiamo chiederci se proviene dal nostro ego o dalla vanità, oppure se intervenendo saremo sinceramente orientati al beneficio degli altri.

◆ **Considerate se è giunto il momento di scegliere i molti invece dell'uno**

Le esigenze del nostro team, della nostra azienda o della nostra causa giustificano lo scoppio del palloncino della persona di cui stiamo per prendere il posto? Una volta che il palloncino è scoppiato, può volerci molto tempo perché la persona si riprenda, se mai ci riesce.

◆ **Conoscete il vostro punto di decisione**

Quando arriverete alle vostre quattro luci rosse? Fino a che punto potete permettere che la situazione proceda prima che vada oltre la vostra capacità di salvarla?

◆ **Scegliete l'intervento minore**

Quando raggiungiamo il punto decisionale delle quattro luci rosse, non significa che per forza dobbiamo prendere completamente il comando. Forse un piccolo suggerimento o un accenno di spinta è tutto ciò che serve.

◆ **Decidete se il risultato conta davvero**

A volte, prendere un momento per fermarci e riflettere sul quadro più ampio ci dà la possibilità di rivalutare quanto sia importante quel momento. Avrà importanza tra un giorno, una settimana o sei mesi? Vale la pena scendere a compromessi, dato il potenziale effetto positivo sull'individuo se scegliamo di non intervenire?

CREARE E MANTENERE LO SPAZIO

Ogni anno circa il 20% della forza lavoro di ASOS sceglie di andarsene. È interessante notare che una buona percentuale di queste persone ritorna poi a lavorare presso ASOS, riportando all'organizzazione conoscenze, esperienza ed energia ritrovate. Nick incoraggia questa pratica, poiché durante il loro tempo altrove molti continuano a esplorare il mondo, le avventure della vita o altre aziende del settore.

"Va bene", riflette. "Le nostre persone sanno che avranno sempre un posto qui".

Nick spiega chiaramente ai suoi dipendenti, fin dal primo giorno di lavoro presso ASOS, in che modo possono appartenere. Alla stessa maniera, si assicura di ricordarsene anche lui stesso costantemente. Come fa a farlo? Tiene il quadro generale davanti a sé o, in questo caso, nella tasca posteriore dei pantaloni. Mentre me ne andavo, Nick tirò fuori quello che pensavo fosse un biglietto da visita, e me lo porse. Invece dei suoi dettagli di contatto, c'era del testo sovrapposto alla sua foto. C'era scritto:

> Dopo il discorso della ballerina Michaela DePrince alla conferenza Zeitgeist, le ho fatto i complimenti per il suo vestito. Lei ha risposto: "È di ASOS. Mi dà sicurezza: sento di poter fare qualsiasi cosa quando lo indosso". Mi sono sentito straordinariamente onorato e incredibilmente orgoglioso di lavorare per ASOS. – Nick Beighton, CEO

Nick ha preso direttamente parte a ogni fase del processo per far arrivare l'abito nelle mani di questa donna? No. Ma sa che ogni membro del suo team ha reso possibile tutto questo lavorando insieme, ed è stato possibile solo passando loro il comando in modo che potessero creare molti più momenti come quello per tante altre persone.

Tutto ciò che possiamo fare è creare opportunità, creare e mantenere lo spazio affinché le nostre persone possano farsi avanti, ed essere lì per sostenerle mentre prendono i comandi. Più noi ci facciamo da parte, più loro riescono a vedere che c'è un posto libero che possono occupare. E questa è l'essenza della Jumpseat Leadership.

CONSIDERATE QUESTO

Passare il comando è parte integrante dell'essere un Jumpseat Leader e ci richiede di imparare a delegare in modo efficace. Una delega efficace può essere sostenuta solo se i membri del nostro team scelgono di assumersi la responsabilità. E sceglieranno di assumersi la responsabilità solo se sentiranno un senso di appartenenza.

◆ **IMPARARE A VOLARE**

Considerate questo: Notate come è più facile assumersi la responsabilità di qualcosa quando la conoscete e ne avete cura – quando sentite di appartenere. Notate anche come la scelta di assumersi la responsabilità crei maggiori opportunità.

Iniziate scegliendo di assumervi la responsabilità della vostra vita, della vostra carriera e della vostra crescita.

La prossima volta che vi viene chiesto di essere *accountable* di un risultato, pensate a come potete dimostrare che farete un ulteriore passo avanti assumendovi la *responsibility* del compito e sentendo che ne avete pieno possesso.

◆ **VOLARE**

Considerate questo: esercitate una delega efficace in modo informale, anche se non guidate formalmente un team.

Notate quando gli altri sono particolarmente entusiasti di un compito condiviso, poiché questa potrebbe essere un'opportunità per delegare. Proteggetevi dall'abdicazione. Quando vi viene data la responsabilità di un compito, scegliete di assumervene la responsabilità.

Cercate di chiarire e comprendere il risultato nel contesto di un quadro più ampio. Alzate la mano se sentite di aver bisogno di aiuto.

La prossima volta che vi sentite sopraffatti da ciò che dovete fare, provate a delegare. Assicuratevi di delegare a coloro che hanno le competenze, comprendono i dettagli e sanno perché il compito è importante.

- **INSEGNARE AGLI ALTRI A VOLARE**

    Considerate questo: approfondite la vostra conoscenza delle competenze, delle capacità e degli attributi del vostro team: queste conoscenze vi aiuteranno a delegare meglio.

    Quando delegate, siate chiari riguardo a ciò che state chiedendo, al risultato desiderato e al motivo per cui è importante, e assicuratevi che la persona a cui state delegando abbia le competenze e la formazione necessarie. Proteggetevi dall'abdicazione.

    La prossima volta che vi trovate di fronte al vostro team, cogliete l'occasione per parlare del contesto. Chiedete a ognuno se comprende il proprio ruolo e il modo in cui si inserisce nel tutto. Se c'è un qualche tipo di confusione, prendetevi il tempo necessario per assicurarvi che tutti sappiano con chiarezza quale è il loro ruolo.

- **PRATICARE LA JUMPSEAT LEADERSHIP**

    Considerate questo: sostenete gli altri nell'arte della delega.

    Guardiamoci dal fare come chi, dal sedile posteriore, dice cosa fare a chi sta guidando, quando cioè passiamo il comando ma continuiamo a interferire e a sminuire le decisioni e le azioni dell'altra persona. Se questo accade frequentemente, è segno che sono insufficienti la fiducia o la formazione, oppure entrambe le cose.

La prossima volta che sentite il bisogno di prendere i comandi, pensate prima a quale è il vostro punto delle quattro luci rosse. Se finite per dover intervenire, provate a capire qual è il minimo che potete fare per correggere la situazione. Questo consentirà a coloro con cui lavorate di mantenere la loro autostima e di continuare a imparare.

— Ora considerate — questo

Per quattro lunghi mesi, Flight Sergeant Ewing aveva urlato ordini alle reclute degli ufficiali della Royal Air Force. Quelle reclute includevano anche me, al tempo un ventenne magro e asciutto.

In qualità di sergente istruttore del college militare, il compito di Ewing era quello di insegnare ai futuri giovani ufficiali che gli stavano di fronte cosa ci si aspettava da loro, instillando al contempo un forte senso di autodisciplina. Voleva che fossimo i migliori leader possibili, anche se era pienamente consapevole che, una volta diplomati, lo avremmo superato di grado e sarebbe poi stato lui a seguire gli ordini nostri.

È comune per le organizzazioni militari britanniche, americane e di molte altre parti del mondo aspettarsi che i giovani ufficiali, appena terminato il college militare, siano leader di persone più anziane di loro sia per età che per esperienza. Ma durante l'addestramento iniziale, le reclute sono alla mercé di sottufficiali, come Flight Sergeant Ewing.

Questa fu proprio la situazione che affrontammo in quei mesi del 1983 al RAF College Cranwell. Ewing prendeva le decisioni, ed io e le altre reclute sussultavamo a ogni ordine che sbraitava, disposti a sopportare qualsiasi difficoltà, con lo sguardo fisso sul premio di diventare ufficiali. Nel pomeriggio burrascoso del 19 ottobre di quell'anno, però, tutto sarebbe cambiato. La nostra formazione era completata, ed era il giorno del diploma finale.

Dopo la parata dell'esercitazione militare, la parte finale della cerimonia di consegna dei diplomi prevedeva che a ciascuno di noi fosse data una pergamena. Questo è un documento formale, firmato da Sua Maestà la Regina, che significa che la persona nominata è ora un *commissioned officer*.

Mentre la banda suonava, marciammo lentamente in fila per uno, salendo la scalinata dell'imponente ingresso principale della College Hall.

Quando ci furono consegnate le nostre pergamene, lì in cima ai gradini c'era Flight Sergeant Ewing. Per mesi era stata la persona a cui tutti avevamo fatto riferimento come nostro leader. Durante quel periodo, ci aveva elevato per farci diventare leader a nostra volta. Ora stava sull'attenti, con la mano alzata in un deciso saluto, riconoscendoci uno per uno mentre sfilavamo, con un sonoro "Signore!" o "Signora!", in riconoscimento dell'autorità che ora detenevamo.

Una volta terminato il suo lavoro, aveva fatto volentieri un passo indietro, pronto a seguire con orgoglio i giovani leader che aveva formato. Subito dopo quella giornata, la sua mente si sarebbe dedicata al successivo gruppo di reclute ufficiali.

PROVATECI

Potreste non avere un Flight Sergeant Ewing che vi eleva o un diploma in pergamena firmato dal vostro capo di stato. Ma in realtà non avete bisogno né dell'uno né dell'altra per scegliere di diventare un Jumpseat Leader. Non dovete fare altro che prendervi l'impegno di iniziare.

In alcuni aspetti della vostra vita, è possibile che lo stiate già facendo, di **Insegnare a volare** o di **Essere Jumpseat Leader**, magari nel vostro ruolo di leader aziendale o manager. Se è così, valutate la possibilità di utilizzare gli esempi, il linguaggio e i concetti contenuti in questo libro per essere più mirati e migliorare ulteriormente il modo in cui create altri Jumpseat Leader all'interno del vostro team.

In altri ambiti potreste essere all'inizio del viaggio: magari avete appena assunto nuove responsabilità, o cambiato carriera, o sviluppato una nuova abilità come la vela, le immersioni subacquee o l'alpinismo. In questi casi, le idee contenute in questo libro avranno una rilevanza diversa, poiché probabilmente siete ancora nella fase **Imparare a volare** prima di prendere il ritmo e **Volare**.

A qualsiasi punto vi troviate del vostro viaggio, scegliete una delle idee dalle sezioni **Considerate questo** e provateci. L'idea potrebbe applicarsi al contesto lavorativo, a quello di genitore, o semplicemente a trovare il coraggio di essere leader di voi stessi. Riflettete su ciò che è veramente importante per voi: quali sono i vostri non-negoziabili, le vostre *stand*? In che modo potreste usare queste *stand* per realizzare qualcosa che va oltre ciò che già fate, per stare sulla vetta della montagna e impegnarvi per il risultato, anche quando non sapete ancora del tutto come arrivarci?

Considerate il modo in cui **prendervi un impegno** crea un magazzino di possibilità che invita coloro che vi circondano – il vostro team formale o altri ispirati dall'impegno che avete preso – ad aiutarvi a trovare le risposte.

Considerate il modo in cui abbracciare un'**umile autostima** crea l'ambiente in cui potrete attingere al genio collettivo che le persone del vostro team hanno da offrire.

Considerate come creare un senso di **appartenenza** per coloro che vi circondano, in modo che anche loro possano scegliere di assumersi la responsabilità del risultato e contribuire maggiormente.

L'OPPORTUNITÀ

Essere in grado di condividere esperienze passate, come ho fatto in questo libro, potrebbe dare l'impressione che io abbia sempre praticato intenzionalmente la Jumpseat Leadership.

La verità, ovviamente, è che al momento non avevo idea che fosse quello che stavo facendo. Quando mio figlio voleva la sua potente motocicletta Suzuki, non mi rendevo conto che stavo usando le mie *stand* per capire come risolvere la situazione. Quando feci il discorso alle mie persone nel deserto poco prima dell'inizio della guerra in Iraq nel 2003, non mi rendevo conto del potere di delineare un'immagine semplice e chiara. Quando ero seduto dietro Calum sul volo in partenza da San Francisco, o mentre ero leader del mio team di specialisti sul progetto da tredici miliardi di sterline, non mi rendevo conto che stavo praticando la Jumpseat Leadership.

Molti anni dopo aver lasciato la RAF, è stato un grande privilegio sentire da Simon, Al e Phil come li avevo aiutati a diventare i leader che sono ora. È probabile che ci siano state molte altre occasioni da allora, in cui ho usato la Jumpseat Leadership senza rendermene conto. Spesso non conosceremo l'intera portata della differenza che abbiamo fatto. Guardandomi indietro, anche se in quel momento non mi vedevo come un Jumpseat Leader, so che mi sono sempre impegnato ad elevare gli altri. E quando ci prendiamo questo impegno, le possibilità che si creano diventano illimitate.

Praticare la Jumpseat Leadership è un esercizio che dura tutta la vita. È impegnativo – e ci vuole coraggio. Ho imparato che, come Jumpseat Leader, ciò che facciamo accadere ha il potere di sopravvivere ben oltre il momento. Non l'azzeccheremo sempre giusta – e va bene. Sono le nostre intenzioni e l'andamento generale nel tempo che contano, insieme alla volontà di riconoscere che quando inciampiamo vale la pena alzarsi, riflettere su ciò che abbiamo imparato, e riprovare.

Ecco l'opportunità che avete adesso: le idee e le linee guida in questo libro possono fungere da trampolino per aiutarvi a diventare un Jumpseat Leader migliore di quanto voi non siate già. Benché stia ancora imparando e facendo pratica, la mia speranza è che quello che ho scritto acceleri il vostro sviluppo. E spero che eleverete altri praticando la Jumpseat Leadership.

Prima inizieremo, più grande sarà la nostra eredità.

EREDITÀ

Il giorno di Capodanno del 2015 mi incontrai con mia figlia Louise per un evento di orienteering. L'orienteering è uno sport competitivo, generalmente svolto in territori aspri, in cui i partecipanti gareggiano per trovare una serie di punti di controllo, noti come lanterne, contrassegnati su una mappa. Lo scopo è di correre e orientarsi il più velocemente e accuratamente possibile. Vince chi fa il tempo più breve.

Sebbene in questo sport sia previsto che i concorrenti siano singoli, Louise e io avevamo deciso di correrlo insieme. Avevo praticato l'orienteering per molti anni, e anche Louise aveva completato parecchi eventi, sebbene fosse passato del tempo per ognuno di noi dall'ultima volta. Eravamo entrambi un po' arrugginiti e quindi decidemmo che sarebbe stato divertente partecipare in coppia.

Compilammo i moduli e ci fu data una mappa da condividere, insieme all'elenco delle lanterne da trovare. Ci avviammo di buona lena verso la linea di partenza, con me (che avevo più esperienza) pronto a partire verso la prima lanterna. Ma qualcosa mi fece fermare e rivolgermi a Louise, e porgerle la mappa, l'elenco delle lanterne e la bussola.

"Vai avanti", dissi. "Conduci tu. Io ti seguo. Mostrami la strada da seguire".

All'inizio un po' titubante, Louise trovò presto il suo ritmo. Alla terza o quarta lanterna, avevamo iniziato a lavorare efficacemente come squadra, con Louise che mi indicava la strada da seguire e mi diceva quali caratteristiche del terreno cercare, mentre io mi concentravo sulla corsa e sull'individuazione delle bandiere arancioni e rosse che segnalavano le lanterne. Fu davvero una grande soddisfazione vedere crescere la sua sicurezza. Alla fine, avevamo sviluppato bene la nostra tecnica insieme, e tagliammo il traguardo stanchi e sudati, il nostro rapporto personale ulteriormente rafforzato dalla vittoria della sfida come squadra.

Devo ammettere che alla fine dell'evento ero davvero commosso. Ripensando a quel giorno, mi colpisce quanto sia stato simbolico consegnare la mappa e la bussola a Louise. Da padre, per anni avevo fatto del mio meglio per guidarla, istruirla e per creare e mantenere lo spazio per farla crescere. A volte ero stato bravo; altre volte meno. Eppure era diventata una donna adulta estremamente capace e sicura di sé, capace di essere leader di se stessa e di condurre la propria vita. Fu un piacere constatarlo. Oggi continua ad arrivare sempre più in alto, a sfidare i propri limiti e a raggiungere la vetta delle montagne.

Lo stesso vale per suo fratello – mio figlio Patrick. Anche se ho appeso da tempo i guanti da pilota, sono felice che Patrick abbia scelto di prendere i suoi. Attualmente è un pilota della Royal Navy, e sono fiducioso che sia già molto più capace di quanto lo fossi io in quella fase della mia carriera. Patrick ha completato parte del suo primo addestramento presso la stessa base RAF dove io imparai a pilotare quasi quarant'anni fa. Ascoltare le sue storie di luoghi per me un tempo familiari mi riconnette a quei primi giorni. Spesso ci ritroviamo a chiacchierare degli aspetti tecnici del volo o a scambiarci racconti sugli alti e bassi del lungo processo di addestramento al volo. Fu durante uno di questi momenti che Patrick menzionò qualcuno che si era ricordato di me. Sorrisi tra me e me quando mi disse il suo nome: era lo stesso John delle quattro luci rosse di cui ho scritto nel capitolo 12, che era stato il mio copilota nell'atterraggio all'aeroporto internazionale di Gander tanti anni prima. Allora lo avevo elevato e ora era diventato un istruttore che a sua volta elevava altri, incluso mio figlio.

Mi sento orgoglioso quando rifletto su chi sono diventati Louise e Patrick come persone, cosa li muove e come trattano gli altri. Entrambi hanno scelto di arrivare più in alto e al di fuori delle loro zone di comfort in modi che non avrei potuto immaginare, sviluppando abilità e capacità che vanno oltre le mie. È una gioia per me vederli crescere – una gioia provata da ogni genitore quando vede i propri figli acquisire sicurezza e realizzarsi.

Questa gioia si estende oltre la famiglia. La sento quando rifletto su tutti coloro che ho visto, nel corso degli anni, elevarsi per essere leader di se stessi e di altri, molti dei quali sono menzionati in questo libro. E adesso mi rendo conto che il piacere di vedere gli altri avere successo è spesso il risultato diretto di quando abbiamo dato il meglio di noi come Jumpseat Leader.

Come Flight Sergeant Ewing, a un certo punto tutti facciamo un passo indietro per consentire agli altri di essere leader. Quando lo facciamo, se abbiamo praticato la Jumpseat Leadership, lasciamo un'eredità che riguarda altre persone: il modo in cui le nostre azioni hanno influenzato positivamente le loro vite e come le abbiamo aiutate a crescere affinché potessero essere leader. Avremo storie di risultati guidati dall'amore anziché dalla paura, dall'avere ispirato altri all'azione e dall'averli sostenuti perché potessero continuare a influenzare positivamente anche la vita degli altri.

In qualità di Jumpseat Leader, la nostra eredità riguarda ciò che accadrà dopo quando, inevitabilmente, arriverà il momento di passare i comandi.

La nostra eredità riguarda la gioia di vedere altre persone crescere dopo che noi le abbiamo elevate. Riguarda la raccolta di storie, esperienze positive e spirali ascendenti che lasciamo dietro di noi.

E forse l'aspetto più avvincente della Jumpseat Leadership è che, poiché le nostre azioni positive ispirano gli altri a essere leader nello stesso modo, non conosceremo mai veramente del tutto la portata completa di quelle spirali ascendenti. Spirali che creiamo per vedere altri diventare le straordinarie persone che hanno il potenziale di essere, mentre continuano a costruire sulla nostra eredità con le loro storie.

Ora considerate questo: quali storie lascerete dietro di voi?

Elevare gli altri

IMPEGNO. UMILE AUTOSTIMA. SENSO DI APPARTENENZA. Servono tutti e tre per scrivere un libro, e ho avuto l'opportunità di praticare ognuno di essi mentre scrivevo *Praticare la Jumpseat Leadership*.

Scrivere è una sfida, soprattutto se vuoi che qualcuno legga ciò che hai scritto. Richiede impegno e la determinazione di rimanere connesso alla vista panoramica dalla vetta della montagna, anche quando a volte potresti non essere del tutto sicuro di come raggiungerla. Il processo di editing è un'eccellente opportunità per lasciare andare l'ego e abbracciare l'umile autostima. Questo, per me, è stato particolarmente vero quando, dopo aver scritto trentamila parole, ho ascoltato un consiglio e ho ricominciato tutto da capo.

Più di ogni altra cosa, ciò che ha reso possibile – e piacevole – il viaggio di scrivere *Praticare la Jumpseat Leadership* sono state le persone intorno a me. Abbiamo tutti creato un impegno condiviso e lavorato insieme per coltivare un senso di appartenenza, la consapevolezza di essere uniti e di dare il massimo. Questa parte del libro mi offre l'opportunità di elevare queste persone per i loro straordinari talenti e contributi.

Prima di puntare i riflettori su loro, voglio fermarmi un attimo e dare un riconoscimento anche alle altre persone che hanno influenzato la mia vita nel corso degli anni. Ognuna di esse, a volte senza nemmeno saperlo, ha dato una delicata spinta al mio pensiero e, più recentemente, alla mia scrittura. Siamo tutti il risultato delle nostre esperienze, e soprattutto di quei momenti che implicano l'interazione con altri esseri umani. Sono arrivato a capire che anche i momenti che sembravano negativi o che erano strazianti quando si sono verificati mi hanno anche aiutato a evolvere il modo in cui sono leader di me stesso e degli altri. Tutti i personaggi che ho citato in questo libro hanno fatto la loro parte, insieme a tanti altri che riempiono i miei ricordi.

Una persona che probabilmente non sa la differenza che ha fatto per me è lo Squadron Leader Phil Foster. Phil era l'organizzatore dell'evento di cui parlo nel primo capitolo, cioè di quando mi fermai più volte durante il viaggio per andare a tenere un discorso agli *squadron commanders* della RAF. Per due anni Phil aveva cercato di convincermi a tenere il discorso. All'epoca non poteva sapere come la sua tenacia mi avrebbe permesso di superare le mie paure e di contribuire a creare lo slancio per questo libro. Questo è un altro esempio di come a volte non abbiamo idea della vasta portata dell'effetto che le nostre azioni possono avere sugli altri. Phil è stato il primo sassolino nello stagno, e le increspature continuano a diffondersi.

Nessuna impresa inizia senza un catalizzatore, e tutti abbiamo bisogno di sostegno e incoraggiamento per avere successo. Mentre io volavo in giro per il mondo, vivendo le esperienze e le storie che avete letto in questo libro, Claire è stata una madre fantastica per i nostri figli, Louise e Patrick. Soprattutto mentre ero coinvolto in operazioni di combattimento senza che nessuno di noi sapesse quando o se sarei tornato, Claire ha tenuto unita la nostra famiglia durante momenti di grande incertezza e paura. Questo dev'essere uno dei ruoli più impegnativi per qualsiasi genitore, eppure gli straordinari adulti che Louise e Patrick sono diventati testimoniano le capacità di leadership di Claire. Altrettanto straordinariamente, ha prestato servizio come ufficiale nella RAF e ha realizzato una successiva carriera in una grande azienda. È stata la mia costante cheerleader e la voce della ragione che mi ha aiutato a mantenere stabile la rotta. Inoltre, Claire è stata la solida base su cui è stato costruito tutto negli oltre trent'anni del nostro matrimonio. È rimasta al mio fianco anche quando ho combattuto la depressione e ho perso la strada, e sono quello che sono grazie al suo sostegno duraturo. La amo profondamente.

Tutti abbiamo bisogno di una rete di amici nella vita, e non avrei potuto desiderare di meglio. Simon Marshall, Mike Naworynsky e David Mead meritano una menzione speciale.

Simon ed io eravamo a scuola insieme e ci siamo sempre stati l'uno per l'altro durante le diverse fasi della vita, celebrando i trionfi ed elevandoci a vicenda quando uno di noi era in difficoltà. Tra le persone che realizzano il proprio potenziale è un campione, ed è un maestro nel vedere possibilità dove gli altri non ne vedono.

Mike e io abbiamo prestato servizio insieme nella RAF. Lui e sua moglie Vanessa sono stati dei vicini e degli amici fantastici, in particolare per Claire nel periodo in cui ero impegnato nella guerra in Iraq; gliene sarò per sempre grato. Da allora siamo rimasti tutti molto amici. I nostri figli sono cresciuti insieme ed è un piacere vedere continuare questa amicizia nella nuova generazione.

David Mead e io abbiamo lavorato insieme, come relatori e facilitatori, negli ultimi undici anni. È stata un'intuizione di David a portarmi alla mia carriera di relatore e alle possibilità che ne sono seguite. Mi ha fatto notare quando stavo sbagliando e mi ha elevato quando ho avuto bisogno di un'iniezione di umile autostima. È stato un'ispirazione costante in quanto persona generosa, e non posso immaginare questo viaggio senza di lui.

Poi c'è la mia cerchia più ampia di amici e colleghi che, sebbene non siano presenti ogni giorno nella mia vita, hanno tutti contribuito a ciò che sono diventato e mi ricordano costantemente ciò che è possibile in questo mondo. Tra questi ci sono AJ Egerton, per il suo senso del dovere e dell'onore; Mark McArthur-Christie, per la sua capacità di arricchire l'esperienza della vita; Janina Bisley, per la sua connessione con il mondo; Paolo Mondelli, per essere rimasto fedele a ciò in cui crede; Beverley Sweeten-Smith, per la sua compassione e la capacità di abbracciare l'ignoto; Rebecca Bailey, per il suo amore verso tutte le cose; Sharron Mahony, per il suo coraggio; Marian Stefani, per la sua energia, ispirazione e dedizione agli altri.

Ho anche la fortuna di conoscere molte persone in tutto il mondo, che considero essere sia amici che colleghi, passati e presenti: Wajeeha Al Husseini, Sharin Apostolou MacPherson, Rich Diviney, Matt Dunsmoor, Ingrid Eras-Magdalena, Kristen Hadeed, Kim Harrison, Monique Helstrom, Lori Jackson, Anna Lang, Pete Longworth, Ian Scott, Stephen Shedletzky, Simon Sinek, Molly Strong, Jen Waldman, Darren e Melissa Williams.

Avete toccato il mio cuore e mi avete ispirato. Voglio anche ringraziare la straordinaria Christina Alessi per la sua capacità di connettere e creare opportunità. E l'intero team Chapman & Co., in particolare Matt Whiat e Sara Hannah, la cui generosità e calore non smettono mai di stupirmi.

E ora rivolgo i miei ringraziamenti a tutte le persone che hanno reso possibile questo libro. Anthony Mattero, agente letterario presso Creative Artists Agency, i cui saggi consigli e la cui guida mi hanno aiutato a percorrere la strada migliore. Kaveh Haerian, la cui creatività ha dato un forte impatto al design della copertina. Catherine Williams, che ha progettato l'impaginazione interna del testo in modo tale da far scorrere le parole sulla pagina. I miei copyeditor, Ilsa Hawtin e Georgina Fradgley, per il loro impegno meticoloso, tempestivo e sempre diplomatico. Cassandra Smith, che ha contribuito a dare forma a questo libro nelle sue fasi iniziali. Grazie anche a tutti coloro che non ho ancora menzionato, che hanno letto il mio manoscritto e hanno dato un feedback così prezioso: Alex, Alice, Andy, Jim, Mali, Nick, Ralf e Susie. Una menzione speciale alla meravigliosa Siobhán Edwards, che ha letto le bozze attraverso la lente della genitorialità e ha condiviso le sue opinioni; e a Joseph, che ha letto il manoscritto con gli occhi di un pilota di linea ancora in servizio e ha confermato che le mie storie di volo risuonano ancora.

Infine, il più grande ringraziamento va allo straordinario team che è stato in trincea con me per dare vita a questo libro e condividerlo con il mondo: Jeff Beruan e Ashleigh Riddle.

Una rapida ricerca di Jeff su Internet rivelerà che è un famoso cantante d'opera, che si è esibito sui palcoscenici di tutto il mondo. È stata una gioia vedere come ha adattato i suoi due decenni di esperienza nella narrazione sul palco per aiutarmi a sviluppare il filo della mia scrittura. Ha usato la sua capacità di connettersi con il pubblico per aumentare la mia capacità di fare lo stesso. È stato in grado di impersonare ogni pratica di **Imparare a volare, Volare, Insegnare agli altri a volare** e **Praticare la Jumpseat Leadership**, e di essere curatore delle sezioni **Considerate questo**. Soprattutto, la concentrazione, la dedizione e il supporto granitico di Jeff hanno portato la serenità nella mia avventura da scrittore di libri. Grazie, amico mio.

Ashleigh Riddle è una persona davvero straordinaria. Nel corso degli anni l'ho vista diventare una grande leader. Per questo libro è stata compositrice della musica e direttrice d'orchestra, abbracciando anche la danza. È stata al mio fianco in vetta alla montagna e ha collaborato con me per aiutarmi a capire tutte le sfide che avevamo di fronte. Fa mostra di possedere una visione e un coraggio che vanno oltre la sua età e vede la paura come catalizzatore per guidare le sue azioni mossa dall'amore. Soprattutto ha un cuore più grande dello Stato della Georgia, USA, dove vive. Se puoi contare Ashleigh fra i tuoi amici, sei davvero fortunato. Se avrai il sostegno di Ashleigh in una sfida, ne uscirai vincente.

Raccontare tutte queste persone straordinarie e le tante altre che ho incontrato in tutto il mondo e che hanno contribuito al mio viaggio mi riempie di gioia. E per me, quella gioia è la definizione di successo.

Milton Keynes UK
Ingram Content Group UK Ltd.
UKHW010634040424
440620UK00001B/103